人力资源管理

企业提质增效方法论

陈裕棋◎编著

U0314025

化学工业出版社

·北京·

内容简介

随着科技的不断发展，社会已经进入大变革时代，这个时代的人力资源管理工作也面临着诸多挑战。例如，之前被认为是经典的人力资源管理方案，如今已不能适配公司发展。人力资源管理者与公司管理者及员工沟通顺畅，可极大地提高公司的运作效率。

为了解决人力资源管理的种种问题，本书应运而生。《人力资源管理：企业提质增效方法论》以人力资源管理的六大模块为基础，循序渐进地介绍人力资源管理的方法和技巧。与此同时，本书还加入了一些极具代表性的案例，旨在为人力资源管理者赋能，使其尽快完成转型升级，从而帮助公司实现提质增效。

图书在版编目（CIP）数据

人力资源管理：企业提质增效方法论/陈裕棋编著. —北京：
化学工业出版社，2023.6
ISBN 978-7-122-42974-2

Ⅰ.①人… Ⅱ.①陈… Ⅲ.①人力资源管理 Ⅳ.①F243

中国国家版本馆CIP数据核字（2023）第028245号

责任编辑：刘 丹
责任校对：宋 玮
装帧设计：王晓宇

出版发行：化学工业出版社
　　　　　（北京市东城区青年湖南街13号　邮政编码100011）
印　　刷：北京云浩印刷有限责任公司
装　　订：三河市振勇印装有限公司
710mm×1000mm　1/16　印张14¼　字数195千字
2023年6月北京第1版第1次印刷

购书咨询：010-64518888
售后服务：010-64518899
网　址：http://www.cip.com.cn
凡购买本书，如有缺损质量问题，本社销售中心负责调换。

定　价：78.00元

"人力资源"一词由美国管理学家彼得·德鲁克于1954年在《管理的实践》一书中提出。他在书中明确表示：所谓管理，其终点实际上是人力资源管理。公司的创始人、高层管理者、部门经理都应该学会人力资源管理。

而HR（Human Resources的缩写，意为人力资源，这里代指从事人力资源管理工作的人）作为人力资源管理的执行者、推进者、监督者，更要掌握人力资源管理工作的方方面面。

对于HR来说，人力资源管理的终极目标是吸引和锻炼员工，不断提升其个人能力，使其为公司创造更大的价值。员工作为一项必不可少的人力资源，代表了公司的核心竞争力。虽然很多HR都知道也认同这个观点，但他们在进行人力资源管理的过程中还是会频繁遇到各种问题，导致自己理不清思路，对工作感到力不从心。

在正式学习相关知识前，HR不妨先检验一下自己的人力资源管理工作有没有以下问题。

（1）不了解公司所使用的战略，也没有对组织架构、人力资源体系进行一个整体规划。

（2）招聘难，即使有求职者来面试，也无法判断其能力，更不知道其是否应该被录用。

（3）培训效率低、效果也差。很多员工不愿意接受培训，或者无法通过培训提升自己。

（4）员工对绩效考核怨声载道，现有绩效体系不完善，绩效结果也没有得到妥善处理。

（5）为员工涨工资、发福利，结果公司的人力成本持续提高，工作效率却不断下降。

（6）难以平衡员工与同事、用人部门、公司之间的关系，导致处处"踩雷"。

如果HR很认真地做人力资源管理，结果还是出现了上述情况，那就说明人力资源工作存在比较大的疏漏和问题。此时HR需要调整自己的工作方式，学习更多人力资源管理知识，不断丰富自己的一线实践经验。

本书是一本人力资源管理工具书，系统、全面地介绍了人力资源管理的每个模块，有很强的可读性和实操性。书中的绝大多数内容都是根据笔者的知识体系和实践经验总结而来。笔者还将自己对人力资源管理的思考融入本书，同时传授了一些能够帮助HR实现综合能力进阶的方法和技巧。本书不仅适合初入职场的HR，也适合人力资源经理或其他中高层管理者阅读。本书有利于加深和扩大读者对人力资源管理的认识，是读者在实际工作中的得力"小助手"。

由于学识所限，加之时间仓促，书中难免有疏漏之处，恳请广大读者批评指正。

编著者

目录
CONTENTS

第3章　数字化人力资源体系：紧随时代潮流 / 032

──────── **招聘管理篇** ────────

第4章　**人才招聘：挖掘高素质员工 / 046**

—————————— 培训管理篇 ——————————

第 8 章　培训方案规划：走"三位一体"之路 / 105

—————————— 绩效管理篇 ——————————

第11章　绩效辅导与反馈：助力员工成长 / 134

—————————— 薪酬管理篇 ——————————

第 14 章　薪酬结构设计：打造最优薪酬组合 / 168

———————————— 员工关系管理篇 ————————————

人力资源规划篇

第 1 章

公司战略分析：
围绕大局观做考虑

当公司发展到一定程度时，员工会越来越多，各部门之间的工作差距也会越来越大。此时为了更好地为公司服务，制订出更适合公司发展的人力资源规划，HR除了要认真处理人力资源工作以外，还必须培养自己的战略思维，对公司的战略进行分析，以战略为切入点思考应该如何开展工作，为战略的实施和落地提供支持。总之，优秀、聪明的HR都应该懂战略。

1.1 优秀HR必须有战略眼光

很多HR都会抱怨："我非常努力，也很敬业，但就是得不到领导的认可。""我投入了大量的时间和精力做人力资源规划，结果老板还是狠心把我的方案否决了。"诚然，在实际工作中，很多HR并不懒惰，且考虑问题很周全，可结果却事与愿违。为什么会出现这样的反差呢？很大一个原因是他们缺少战略眼光，没有成为一个理解战略的HR。

1.1.1　做一个理解战略的HR

"HR要理解战略"这句话，身处人力资源管理领域的人可能早已经耳熟能详。但这句话说起来很简单，做起来可没那么容易。对于HR来说，理解战略的关键首先是弄清楚自己应该理解哪些战略，接下来就为大家解决这个问题。

1.谁是客户

不同的客户，想法和需求都不同。这就意味着，公司每增加一个客户，就需要消耗一定的资源。但公司的资源是有限的，为了节约资源，HR需要了解哪些人是公司的客户，然后指导相关部门将资源用在这些人身上，使他们为公司创造价值。

2.公司的价值定位是什么

价值定位，即公司为客户提供什么样的价值，也可以理解为公司满足客户的哪些需求，以及公司的产品或服务帮助客户实现了什么价值。HR要想了解公司的价值定位，需要对市场进行深入调查与分析，并挖掘出由此产生的战略意图。

不同的公司通常有不同的价值定位。例如，有些公司专门为客户提供总成本低、操作便捷的产品；有些公司则为客户提供优质且令人满意的服务。根据价值定位，HR可以锁定客户，提升转化率，并帮助相关部门优化工作模式。

3.公司创造价值的过程是什么

价值创造是通过一系列活动形成的，包括基本活动和辅助活动。其中，基本活动主要是指生产、宣传、销售、服务等方面的工作；而辅助活动则包括采购、技术研发等。这些相互关联的活动整合在一起，形成完善的价值链。HR需要将公司的价值链熟记于心。

4.公司的关键业务有哪些

有些公司经营很多业务，但并不是每项业务都是关键业务。例如，对于部分公司来说，产品研发和数字化营销是关键业务，而有些公司则把打造服务体系作为关键业务。HR应该了解公司的关键业务，并以此为基础进行人力资源管理。

5.公司的核心竞争力是什么

公司要想持续发展，离不开核心竞争力。管理与服务能力、产品研发能力、营销能力、成本管控情况、客户资源规模等都可以是核心竞争力，而这些核心竞争力就是HR制定人力资源规划的重要依据。

6.重要的财务指标有哪些

财务指标可以反映公司的财务情况与经营成果，包括资产规模、营业收入、净利润、负债、周转率、资产净利率等。虽然HR不一定是财务专家，但了解财务指标还是很有必要的。当财务指标出现异常时，HR也可以及时采取行动，并与相关部门共同商议解决方案。

7.公司的未来发展如何

HR要了解公司的业务规划、年度目标是什么，同时要为实现目标制定相关措施。

把上述问题梳理清楚后，HR对战略的理解就形成了闭环，公司的业务价值链及人力资源管理价值链也可以很好地连接在一起。另外，HR还要下沉到用人部门中去，多观察他们是如何工作的，了解他们的工作模式，甚至可以参加他们的讨论会，以便更深入地理解战略。这样有利于HR制定出符合公司发展和用人部门需求的人力资源规划。

1.1.2　把公司的业务弄清楚

任正非曾经公开表示，懂业务的HR应该被提拔，那些不懂业务的HR，则面临被时代淘汰的风险。在人力资源管理越来越有价值的今天，懂业务的HR确实更能发挥作用，也更容易获得领导的信任与认可。

华为的很多HR都来自业务部门，或者需要下沉到业务部门进行一段时间的历练。华为甚至还会将一些HR的工作位置安排在业务部门，让HR和业务人员一起办公。这样可以让HR更深入地了解业务，识别业务痛点，从而帮助业务人员更有效地解决工作问题。

由此可见，HR有必要把公司的业务弄清楚，具体可以从以下几个方面入手。

1. 建立业务全景模型，想好与业务人员"聊"什么

业务全景模型可以细分为业务维度、组织维度、人员维度，如图1-1所示。

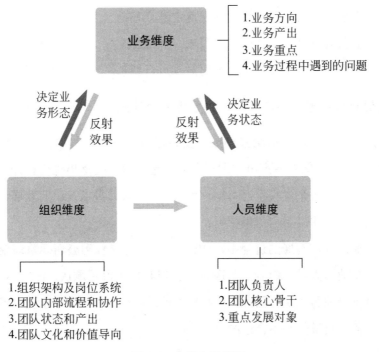

图1-1 业务全景模型

业务维度可以帮助HR建立对业务的直观认识，也可以使HR对业务特性和业务阶段有更深入的了解；组织维度呈现的是团队的实际产出，而这些产出是全员协作的结果；人员维度展示了团队构成情况，包括团队负责人、团队核心骨干、重点发展对象。

2. 促进业务交流，弄清楚怎么和业务人员"聊"

有了业务全景模型，HR就要学习如何与业务人员沟通，并从沟通过程中发现用人部门的需求。HR可以和业务人员进行一对一面谈，顺势提出自己在业务方面的问题，主动请教、寻求解答。在这个过程中，HR要营造一个轻松、愉悦的对话氛围，让对方敞开心扉。

通过观察办公场地的布置情况、员工的工作氛围和工作日志、业务人员的出勤情况等，HR可以了解团队的工作细节；通过参与业务分析会、复盘会、述职会等会议，HR可以充分了解业务的发展现状与发展趋势；通过参与用人部门的各项工作，HR可以发现业务的落地情况，并与业务人员建立充分的信任关系，为后续人力资源工作的开展奠定群众基础。

在与业务人员"聊"的过程中，HR应常备纸和笔，将关键信息记录下来，并及时整理到业务全景模型中，方便对其进行调整。

3. 做有效产出，知道"聊"完后应该做什么

通过业务交流，业务全景模型会变得越来越完善，其中的内容也会更丰富。此时HR应该做有效产出，即根据业务全景模型提炼出优化和升级业务的建议。此外，业务全景模型还可以帮助HR进行人才盘点及职业发展评估，为后续的人才梯队建设工作提供依据。

在与业务人员沟通的过程中，HR的工作重点是找到公司现阶段最迫切的问题，并与业务人员一起制定解决方案。但我们不得不承认，HR对业务的了解永远赶不上业务人员。因此，HR要尊重业务人员的意见和建议，不能盲目地要求业务人员做一些不合适的事。

1.1.3 以运营视角深入分析战略

人力资源管理离不开对运营战略的理解，目前很多公司推崇的人力资源管理理念也在积极倡导HR要具备运营思维。这就需要HR做好绩效发展、人

才发展、组织发展这三件事，而这三件事可以整合为 HR 运营钻石模型，如图
1-2 所示。

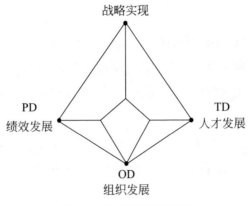

图1-2　HR运营钻石模型

1.绩效发展

HR 要规划好公司的愿景、使命、价值观，并以此为基础制定中长期发展
目标，然后将中长期发展目标转化成年度经营目标，接着把年度经营目标分
解到部门，再分解到员工。这样可以保证大家所做的工作都聚焦在年度经营
目标上，从而形成强大的合力。当年度经营目标制定好后，HR 要进行绩效管
理，推动年度经营目标的实现，从而顺利执行战略。

2.人才发展

人才发展即人才的"选、育、用、留"过程。在这个过程中，HR 要绘制
人才画像，根据这个画像去寻找合适的人才，保证每个岗位上都是"对"的
人。同时，HR 要进行人才分析，并根据分析结果了解公司的现有员工都具备
什么能力、哪些能力需要增强等问题，进而做好培训规划，争取让培训推动
绩效的实现和提升。

至于用人环节，HR 要让"对"的人做"对"的事，确保各项工作都围绕
年度经营目标进行，真正做到"千斤重担人人挑，人人身上有任务"。在用人
环节，HR 大致知道哪些人能力强，就可以采取一些激励措施将这些人留在公

司。还有就是HR应该为公司储备一些人才，防止关键岗位在关键时刻出现人才断层，从而保证公司长盛不衰。

3.组织发展

在组织发展方面，HR要始终坚守以下三个关键点。

（1）第一时间响应用人部门的需求及其反馈的问题。

（2）将优秀员工的能力沉淀到公司中，实现传承，从而进一步提升公司的整体能力。

（3）整合每位员工的能力，通过协同作业使其变成团队的综合能力。这样一个员工无法完成的任务就可以在协同作业的基础上顺利完成，从而帮助公司获得更大的成功。

以HR运营钻石模型为核心，打通绩效发展、人才发展、组织发展，形成完善的运营体系，是每位想提升能力的HR都应该做的事。在新时代，HR要不断努力地提升自己，让自己的思维和能力持续迭代，从而使人力资源管理真正发挥价值。

1.2　积极推动战略实施和落地

HR如果仅仅满足于完成领导交付的工作，而没有为公司的成长和发展提出建设性意见，无法推动战略实施和落地，那他就不是一个优秀的HR，通常也不会拿高薪酬。优秀的HR能够站在领导的角度思考问题，会针对内外部变化提前做好规划。

1.2.1　思考：如何变身战略型HR

戴维·尤里奇在《高绩效的HR：未来的HR转型》一书中明确表示，未来的HR不仅是业务部门的合作伙伴，也应将自己看作战略的一部分。另外，他还提出了人力资源三支柱模型，该模型也强调战略在人力资源管理中的重要性，如图1-3所示。

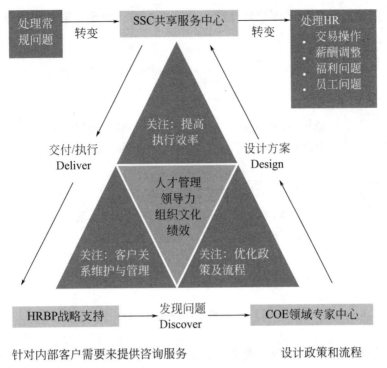

图1-3　人力资源三支柱模型

根据人力资源三支柱模型可以知道，HR作为HRBP（Human Resource Business Partner，人力资源业务合作伙伴）的"好搭档"，应该和HRBP一样以战略支持者的身份存在，与时俱进地提供咨询服务，参与战略规划。因此，为了做好战略支持者，HR应该想方设法从事务型HR进化为战略型HR，如图1-4所示。

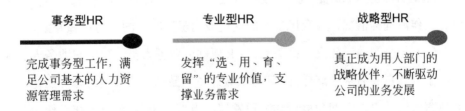

图1-4　从事务型HR到战略型HR

战略型HR对公司的意义不在于做了多少工作，而在于为公司创造了多少价值，即取得了多少成果。根据取得的成果不同，我们可以总结出战略型HR

需要扮演的四种角色，即战略伙伴、变革助推器、行政专家、激励专家，如图1-5所示。

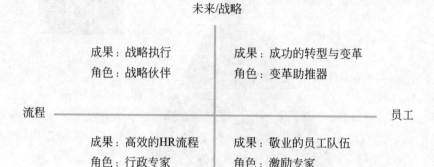

图1-5 战略型HR的四种角色

在战略的指导下，HR需要制订人力资源规划，将其分解成具体的流程和方法，并使其在公司内部顺利执行。另外，HR还必须兼顾自己的四种角色，深刻理解公司的核心业务、经营方案、发展规划等，真正和领导看齐，做领导的得力助手。

最后需要介绍的内容是，战略型HR在工作过程中要重点学习以下四个技巧。

（1）提升专业性，赢得信任。战略型HR必须将公司的产品和服务熟记于心，尽量与业务人员站在同一阵线上。还要深入了解公司的业务、岗位、制度、工作流程等情况，争取用最快的速度成为员工心中的人力资源专家。

（2）加强沟通，建立良好关系。HR要贴近业务人员，随时与业务人员沟通，了解其真实需求。这样HR就可以做好员工激励、跨部门协调等工作，从而更有效地从"人"的角度推动公司发展。当然，HR也可以在非工作场景中与业务人员交流，增强彼此之间的信任。

（3）用战略形成依赖。HR要坚持以战略为核心，多与管理者沟通公司的战略意图，并将这个战略意图及时传达给用人部门及员工。这样的HR才是合格的"战略顾问"。

（4）借助BLM模型（Business Leadership Model，业务领先模型）推动战略落地。BLM模型（图1-6）由五个部分组成：上方部分是领导力，即与战略管理相关的工作通常由极具领导力的管理者来主导；中间部分是战略制定和执行，即好的战略要有强大的执行力度来支持；下方部分是价值观，可以为战略的实施提供思维指引；左侧部分是差距，公司可以从中挖掘业绩提升方法和商业机会；右侧部分是市场结果，属于战略的触发因素，也是战略的执行结果，可以让整个战略管理过程形成闭环。

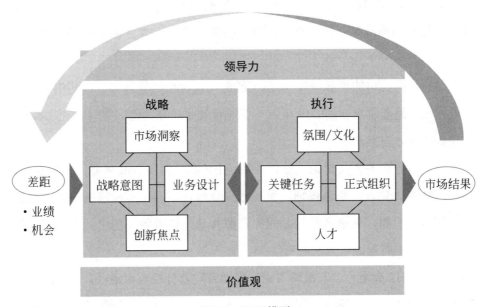

图1-6　BLM模型

有了BLM模型，HR不被邀请参与战略会议的现象将有所改善。业务部门的战略规划也可以分为业务规划和人力资源规划两个部分，并在公司内部形成例行机制。这样人力资源管理和业务管理就可以融合在一起，而不再是两个割裂的环节，HR也不再是可有可无的角色。

总之，HR要想进化为战略型HR，必须进行升"维"思考，而且要以管理者的角度推动人力资源管理的落地执行。与此同时，HR还要关注业务和一线员工，并不断提升自己的能力。

1.2.2　积极参与战略讨论

战略型HR的一项重要任务是参与战略讨论，在这个过程中，HR的工作如下所述。

（1）参与市场洞察分析，了解公司的战略要求、内外部竞争、客户变化等相关情况，思考这些情况对业务的影响，以及现有业务面临的主要挑战；与业务人员沟通，从他们那里收集关键信息，为后续的人力资源规划奠定基础。

（2）帮助管理者梳理问题，思考战略对组织、人才的要求，以及业务变化对组织、人才的影响；对尚不明确的战略进行分析，在充分了解业务的基础上优化和调整战略；分析战略意图，明确公司在人力资源管理方面的需求和期望。

（3）把握公司的"脉搏"，将员工的流动情况告知管理者。这些信息对优化人才战略是非常重要的。HR可以与管理者就此展开讨论，共同制定成本低、效果好的人才方案。

（4）引导业务人员讨论战略，弄清楚HR需要为实现战略提供何种支持；有针对性地优化人力资源规划，使其适应公司在不同发展阶段的需求；打造有效的协作机制，促进各部门之间的资源共享，拉近各部门之间的距离，使公司成为一个有爱的"大家庭"。

聪明的HR会全程参与战略讨论，帮助管理者分析公司现状，思考战略对组织、人才的需求和影响，同时引导业务人员讨论战略，为改善公司现状制定相关措施。总之，在战略制定和执行过程中，HR都应该以引导者的身份存在，甚至应该成为当仁不让的主力军。

1.2.3　推动战略执行，做坚固"后盾"

很多时候，如果战略执行得不彻底，再好的战略可能也没有效果。HR作为人力资源管理的负责者，可以调动包括人力资源在内的各类资源来推动战略执行。既然HR的作用如此显著，那他们具体应该如何做呢？下面通过一个案例来为大家解决此问题。

上海一家互联网公司的经营情况非常好，团队比较稳定，员工都希望公司可以发展得快一些。因此，2022年8月，公司总裁提出了一个战略目标——2025年8月，也就是3年后，公司的规模要扩大一倍以上，净利润必须达到50亿元。

要实现战略目标，关键在于在公司内部达成战略共识，而达成战略共识往往需要HR的帮助。因此，该公司的HR陈佳佳使用了以下方法来促进战略共识的达成。

（1）将管理者集合到一起，召开了两轮战略研讨会。要想让战略执行下去，没有各级管理者的支持是万万不可能的。虽然现在已经有了明确的战略目标，但具体到每个部门、每位员工应该如何开展工作，还需要管理者提供意见和建议。

（2）安排总裁亲自做宣讲。该公司每年都会举办一些全员活动，目的是加强各部门和各员工之间的联系。在提出了战略目标后，陈佳佳邀请总裁在全员活动中做宣讲，为员工介绍公司的现有战略，让员工充分理解战略目标，并为实现目标而努力奋斗。

（3）在公司内部推广战略。该公司有一个员工沟通平台，陈佳佳会把重要内容用大家都能接受的、有趣的方式展示在上面。公司的战略和战略目标当然是重要内容，所以陈佳佳将其发表在平台上让员工知晓。

（4）升级公司文化，使其与战略相符。无论是战略还是战略目标，抑或是文化，都不是"假"的东西，它们都需要落地，也需要和公司的发展规划、经营方案充分融合在一起。HR要引领变革和创新，对文化进行"去粗取精"，推动文化为公司带来高效益。

HR要想推动战略执行，帮助公司尽快实现战略目标，除了做好自己的本职工作以外，更重要的是培养战略思维。例如，普通HR总是将重点聚焦在个人绩效上，缺少对战略的深入理解，导致组织绩效是空白的。而有战略思维的HR就会从组织绩效着手，尽力推动组织绩效的制定与执行，从而使战略和个人绩效都有一个很好的落脚点。

总之，一个HR越了解战略和战略目标，越有前瞻性和逻辑性，就越能在更短的时间内发现公司存在的问题。此时HR手里的所有人力资源管理工具都可以派上用场，而他本人也将真正地了解公司的运行模式，并制订出完美的人力资源规划。

第2章

组织架构设计：
HR的基础性工作

组织架构是指公司为了实现最终目标，在理论指导下形成的各部门和各层级之间的固定排列方式，也是维护公司正常运转的一个重要依据。在人力资源管理六大模块中，人力资源规划是第一大模块，而在人力资源规划中，组织架构设计占据着非常重要的地位，可以影响公司的整体效率和发展方向。本章就来介绍组织架构设计方面的知识。

2.1 组织架构的5种模式

组织架构是公司的"骨骼"，对其进行设计是HR的基础性工作。如果公司的组织架构设计不合理，会影响公司的整体效率。现在比较经典也不容易出错的组织架构一共有5种，分别是直线型、职能型、区域型、事业部型、矩阵型。

2.1.1　直线型组织架构

直线型组织架构是以"直线"为基础，在各级管理者之下再设置相应的职能和岗位，同时安排相应的工作。这种组织架构有利于实现HR的统一指挥，在实际操作中应用最为广泛。它的最大优势是，可以实现由上而下的垂直管理，即下层部门只接受一个上层发出的指令，而各级管理者对所属部门的一切问题都负有连带责任，如图2-1所示。

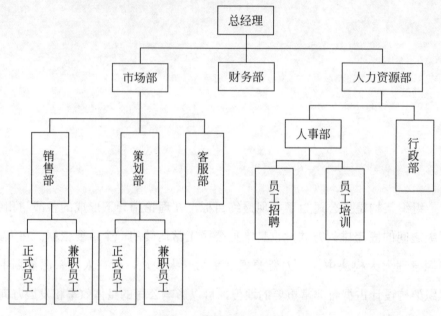

图2-1　直线型组织架构

由图2-1可以看出，直线型组织架构有着清晰的管理逻辑，每个管理者所需要负责和管理的对象都非常明确。下面以乐百氏为例详细讲述直线型组织架构的相关知识。

1989年，乐百氏刚刚创立的时候，规模比较小，采用的是直线型组织架构。那个时候，管理者和员工已经建立起深厚的情感，凝聚力也在逐渐加强，再加上这种直线型组织架构的助力，乐百氏很快就获得了稳定的发展。

乐百氏的直线型组织架构有以下3个特点。

（1）部门划分简单，权责分明，员工之间的联系也比较紧密。

（2）员工可以由上而下地执行命令，也便于HR对员工进行考核。

（3）管理者需要掌握各种专业知识，亲自处理各种事务。

由上述第3个特点可以看出，乐百氏的直线型组织架构对管理者提出了更高的要求，例如，掌握各种专业知识、亲自处理各种业务等。这就在无形中加重了管理者的负担。

从直线型组织架构的特点和优势来看，其适用于规模相对较小、商业模式也相对简单的公司，而不适合那些追求高新技术、规模比较庞大的公司。因此，HR在使用直线型组织架构时要提前确认公司的实际情况。

2.1.2 职能型组织架构

在职能型组织架构下，除了管理者和行政单位以外，还应该设立一些职能部门。例如，设立由员工组成的职能部门，包括市场部门、营销部门、采购部门、财务部门等，让这些职能部门协助总裁和总裁办公室完成各项管理工作，如图2-2所示。

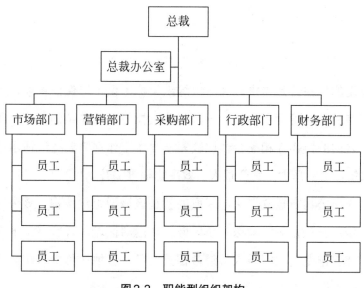

图2-2 职能型组织架构

职能型组织架构的要求是，把管理责任和权力交给相应的职能部门，这样职能部门就可以在业务范围内向员工"发号施令"。在职能型组织架构下，员工可以穿梭于不同的项目中进行工作。当然，这种组织架构的弊端也非常明显。例如，要完成一个比较复杂的项目，通常是多个职能部门合作进行，但这些职能部门关注的目标往往是不同的。当不同的职能部门为了不同的目标而工作时，就很容易影响项目进度和完成效果。

此外，在职能型组织架构下，职能部门优先考虑的并不是项目和客户，而是那些与自身利益直接关联的问题。这样就会使其他问题遭受冷落，从而导致项目得不到足够的支持。

HR要想引进职能型组织架构，就不能把管理工作全部集中在管理者身上，而应该让职能部门也承担一部分。但即使如此，管理者的能力和经验还是会对公司的运营产生影响。

综合上述内容来看，职能型组织架构比较适合规模大、商业模式复杂、分工细致的公司。HR为了让各职能部门能够为同一个目标而努力，还应该不断提升公司的向心力。

2.1.3　区域型组织架构

区域型组织架构以经营管理职能为基础，具有责任明确的特点，而且能够满足公司的一些特殊需求。区域型组织架构不仅可以保证管理体系的集中统一，还有利于在管理者的领导下，充分发挥各行政单位的作用。不过，因为各部门之间的协作性和配合性比较差，很多工作都需要经过请示才可以完成，所以管理者的压力通常会很大，效率也很难提升。

上海的M公司自成立以来，采取的就是区域型组织架构。该公司下设三大服务区域：长三角区域、珠三角区域、环渤海区域，各区域又下设多个服务地区，并安排专门的服务人员经营相关业务。各地区负责人和区域负责人向总部汇报工作，如图2-3所示。

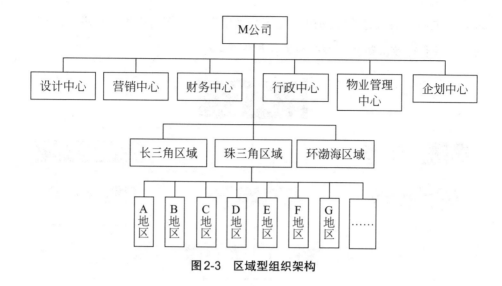

图2-3　区域型组织架构

但随着该公司的不断发展，区域型组织架构的问题逐渐显现出来，如员工培养难度大、决策速度较慢、容易引起冲突等。而且这种组织架构对外界的感受能力通常比较差，公司无法对环境变化做出及时反应，导致内部资源利用不充分，设备和员工出现阶段性闲置。

为了解决上述问题，该公司的HR对现有区域型组织架构进行了完善。第一步，他消除了冗杂的组织架构，明确各区域的职责；第二步，他以分层的形式将项目落实到具体的工作中；第三步，他为工作人员安排培训，提高工作人员的能力，安排考核合格的工作人员任职。

可见，区域型组织架构并不是万能的，HR在选择的时候一定要分析公司的实际需求。不仅如此，在推行该组织架构的过程中，HR还应该做好调整和完善工作。

2.1.4　事业部型组织架构

事业部型组织架构最早由美国通用汽车公司总裁斯隆在1924年提出，这种分权式的组织架构非常受国外大型公司欢迎，最近几年也开始被我国公司使用。在事业部型组织架构下，HR可以指导管理者建立多个事业部。设计、采购、生产、销售等工作都由事业部及其所属职能部门和工厂管理，总部则对事业部有行政决策和监督的权力，如图2-4所示。

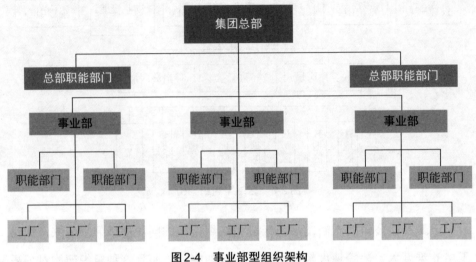

图2-4　事业部型组织架构

知名电器公司美的采用的就是事业部型组织架构，它首先按照产品类别建立了事业部；然后又对事业部的职能进行了划分，使其拥有一定的权力；最后充分激发出了业务单元的经营活力。通过这种组织架构，美的取得了不错的效果，销售额节节攀升。

但是，HR要想在公司内部成功推行事业部型组织架构，需要具备以下前提和条件。

1.资源匹配有独立性

事业部型组织架构的最大优势就是能够使公司实现专业化运营，不过这也会导致员工和行政单位增加，管理成本提高。因此，这种组织架构必须建立在资源匹配的独立性上，这样才可以通过不同的资源配置，让公司获得更丰厚的盈利。

2.总部管控能力较强

总部就相当于公司的"大脑"，只有这个大脑具备较强的管控能力，不同事业部之间的利益关系才可以协调，资源也才能够得到更有效的配置和利用。

3.事业部有一定的独立经营能力

事业部通常是独立存在的，需要有一定的职能和权力。在这种情况下，无论是总部不愿意发放权力，还是事业部不敢使用权力，都会阻碍事业部型组织架构推行。

2.1.5　矩阵型组织架构

在矩阵型组织架构中，既有按照职能划分成的垂直管理系统，又有按照产品划分成的横向关系网络，二者构成了一个纵横交叉的形状。这里以华为为例，华为的组织架构就是很典型的矩阵型组织架构，如图2-5所示。

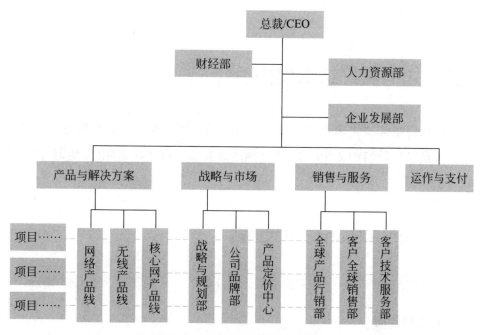

图2-5　华为的矩阵型组织架构

在矩阵型组织架构的指导下，华为可以按照项目运营，而且相关团队可以随着项目的状态设立或解散。在工作过程中，员工的任务和目标都很清楚，有利于促进项目的顺利实现。在华为，各部门之间的配合和信息交流情况也很不错，有效缓解了各部门互不沟通的现象。

从运营角度来看，矩阵型组织架构有三个优势：一是能够使人力资源得到充分利用；二是可以大幅度提高工作效率；三是有利于让员工得到综合锻炼。当然，这种组织架构也存在一些不足，例如，管理节点比较多、管理成本居高不下等。

在实施矩阵型组织架构的时候，应该注意提高职能部门的决策水平。因为这种组织架构会让公司内部的沟通量大大增加，公司为此付出的管理成本也会提高。如果职能部门的决策水平不高，就很难妥善解决这些问题。

大多数员工已习惯了一元化管理。因此，在使用了矩阵型组织架构的公司中，各职能部门之间的沟通可以采取制度性或者结构性措施，例如，定期召开例会、设立专门的岗位去负责沟通问题等。这就需要HR及时制定制度，并促进员工之间的沟通。

2.2 如何做好组织架构设计

做任何事都要讲求原则清晰、步骤明确，组织架构设计当然也不例外。本节总结了设计组织架构的4大原则和5大步骤，以便帮助HR尽快习得相关知识。

2.2.1 组织架构设计的4大原则

设计组织架构，只了解其类型是远远不够的，还要掌握以下4大原则。

1.战略导向

组织架构是战略实施的载体，必须以战略为出发点和归宿，以实现预期任务和经营目标为重心。当战略发生重大变化时，组织架构也要随之调整，使之与公司的发展方向相符。例如，当公司从单纯生产型转向生产销售型后，就应该增加营销部门、销售部门、数据部门等新部门，同时还要为这些新部门安排相应的员工和职责。

广州某公司在国内设立了四家分公司，主要业务是进行卫生纸的生产及销售。由于环保政策的实施和竞争压力的加大，该公司急需缩小卫生纸的生产规模，开发新项目。但因为公司没有成本核算部门，HR张丽丽经过多番调查，也没有搞清楚哪家分公司在亏损，这导致公司根本不知道要缩小哪家分公司的生产规模。

再加上总裁对新项目只有一个大概的计划和方向，员工没有及时做出反应，张丽丽无法指导员工投入到具体的工作中。最后，该公司2022年第三季度的盈利急剧下降，出现了严重的资金问题，最终不得不关闭两家分公司来保证正常运营。

在设置组织架构的时候，战略为先，组织架构后行，是一个极为有效的方法。尤其是当下，很多公司都置身于竞争异常激烈的市场中，这种方法的作用就更能显现出来。

2.层级明确

现在很多公司的工作都比较繁重，专业性也强，所以在设置组织架构的时候不能只考虑部门，还要明确层级。这样不仅可以提升效率，还有利于资源、权力以及盈利的合理分配。以盈利来说，大多数公司都是按照层级来进行盈利分配的。例如，有100万元的盈利，高层管理者获得25万元，中层管理者获得25万元，基层员工则会获得剩下的50万元。

层级原则要求组织架构要有明确的层级以及清晰的定位，所以对于HR来说，划分员工的层级还远远不够，更关键的是要划分职责的层级。通常职责的层级可以有3个，分别是战略规划层、战术计划层和运行管理层。HR可以把性质相近的职责放在一起，形成具体的工作，然后由各层管理者负责监督。

战略规划层的职责是根据市场情况，对公司的战略进行规划，主要由高层管理者组成；战术计划层的主体是中层管理者，如部门经理等，其职责主要是组织、计划、传递指令；运行管理层负责具体的实施，承担着直接的工作，通常以基层员工为主体。

3.管理幅度

管理幅度对于公司来说非常重要，但管理幅度要设定为多少才合适呢？格拉丘纳斯给出了一个计算公式：$C=n(2^n/2+n-1)$。其中，C表示联系总数，即关系数；n表示一个管理者直接控制的员工总数，即管理幅度。当$n=1$，$C=1$；$n=2$，$C=6$；$n=10$，$C=5210$，以此类推。当然，管理幅度也受其他因素影响，如管理者的能力、知识、经验，以及公司的规模、现状、战略等。但通常合适的管理幅度应该是1名管理者直接管理4～5名员工。

4.责任均衡

浙江有一家主营服装业务的公司，生产部门是这家公司的核心，由300多名员工组成，主要负责服装的设计和生产，拥有比较大的权力。质检部门只有10多名员工，但这些员工可以决定服装的质量是否符合要求。

从2022年6月开始，公司就经常收到经销商的投诉，包括码数不准、服装质量差、线头太多、消费者不喜欢等。为了解决这一问题，公司决定将所有的服装收回，找出真正的原因。经过一番细致调查，最终发现是质检部门的工作没有做到位，理应承担主要责任。但由于生产部门没有按照要求生产，所以也要承担相应的责任。

在责任均衡原则下，各部门既能相互制约，又能相互促进。也正因为如此，高层管理者才可以安心下放自己的权力，然后把精力全部放在公司的发展规划上。HR首先要明确各部门的权力，然后根据权力决定各部门应该承担的责任，真正做到权责对等。

2.2.2 "五步法"：组织架构设计全流程

前文已经说过，组织架构的步骤应该是明确的，设计全流程如图2-6所示。

1.战略对接

组织架构设计应该是战略为先，组织架构后行，但很多HR却本末倒置，

| 1 | 2 | 3 | 4 | 5 |
| 战略对接 | 选择类型 | 调整部门 | 确定职能 | 确定层级 |

图2-6　组织架构设计全流程

最终导致因人设职、因人设岗等诸多管理乱象的出现。根据战略设计出来的组织架构会更科学，资源分配也更合理，公司的发展不会偏离轨道。

在进行战略对接时，HR需要想清楚以下几个问题。

（1）战略可以细化为多少小目标？

（2）这些小目标可能从何种途径实现？

（3）决策者关注的重点是什么？

（4）有哪些目标可以交由基层员工负责？

（5）实现这些小目标需要哪些部门相互配合？

2.选择类型

设计组织架构的第二步是选择组织架构的类型。组织架构的类型受到战略和管理方式的影响，而且在不同的发展阶段，HR需要做出不同的选择。前文已经罗列了组织架构的主要类型，HR根据公司的战略和实际需求从中选择最合适的类型即可。

3.调整部门

在实现战略对接、选择好合适的组织架构后，HR接下来就需要对部门进行调整了。随着公司的发展壮大，职能越来越多，分工也越来越细，当职能细分到一定程度时，一个层级的管理就超出了管理限度，这时必须把职能相近或者联系度高的部门放在一起，从这些部门中挑选一个能力较强的人来管理。例如，质检部门、生产制造部门和产品部门三者之间的协调、合作最多，就可以交由一个高层管理者管理。

4.确定职能

组织架构设计的第四步是确定职能。职能通常是根据组织架构来划分的，即 HR 需要明确一个部门在公司具体要做哪些工作、有怎样的任务和责任。这是 HR 开展工作的依据，只有明确了职能，不同的部门及其员工才能做到各司其职。

5.确定层级

一般公司的层级多为四层：决策层、管理层、执行层和操作层。其中，决策层人员最少，操作层人员最多。层级受管理幅度的影响，两者之间是反比例关系。层级越多，信息传递与沟通就越困难，员工越容易受到干扰。而层级过少，则会使管理幅度过大，导致管理者不胜负荷。只有两者均衡协调，才能有良好的实践效果。

HR 要按照纵向职能分工和组织架构的不同特点，根据有效管理幅度进行推算，以提高组织效率为目标，确定基本层级。无论怎么划分层级，各层级之间的相互关系都是自上而下逐级实施指挥与监督的权力，即决策层决定做什么，管理层决定怎么做。下级必须对上级的决策作出反应，并向上级汇报工作，而上级则需要监督和管理下级。

2.3 根据实际情况调整组织架构

组织架构不是一成不变的，当市场环境和发展阶段出现变化时，组织架构也应该随之调整。同时，当业务难开展、公司发展遇到瓶颈时，HR 应该思考如何在组织架构上寻求突破。为了做好组织调整，HR 需要掌握组织诊断技巧，并根据实际情况进行组织架构调整。

2.3.1 调整前，先做组织诊断

组织诊断是管理者、研究人员、咨询顾问或 HR 运用一些概念化模型和实

用的研究方法评估公司的健康状况，挖掘现有或潜在的组织问题，从而提出解决方案，最终提高整体绩效的过程。HR作为组织诊断的参与者和执行者，要想做好这项工作，关键在于掌握韦斯伯德的六个盒子模型。六个盒子代表六个维度，可以帮助HR构建系统思维去分析公司的现状。

第一个维度包括使命、愿景、价值观，重点在于解决员工应该到哪里去以及怎么去的问题。HR要看公司有没有统一的使命、愿景、价值观，如果没有，那对员工的发展是有害的。

第二个维度聚焦在组织架构上，即排兵布阵与作战部署。对的岗位、对的能力与高效的组织是贯穿其中的三项内容。在对的岗位方面，HR要明晰岗位与公司的战略是否一致；在对的能力方面，HR要分析自己是否找对了员工，需要多长时间对组织和人才进行一次盘点；在高效的组织方面，HR要让每位员工都参与到公司的发展中。

第三个维度是关系和流程，即建立规则、管理冲突与协作机制。有规则和没有规则对员工的影响完全不同。即使只是一个关于考勤的规则，其合理与否也会让员工有不同的感受。在这个维度中，HR要特别注意与员工的工作和体验相关的规则。

第四个维度是激励和报酬，即明确的方向与合理的支出。只要谈起激励和报酬，很多HR深有感触，觉得组织的高效必须从这两个方面入手。具体而言，员工的付出与回报是否对等，激励的规则是否清晰，激励的政策能否持续，激励系统是否随着战略的调整而调整，这些问题都是HR要好好思考的。

第五个维度是支持和工具，即创新机制。有些HR不知道应该怎样为公司打造一个创新的环境，大家可以阅读《创新者的任务：颠覆性创新理论的行动指南》和《设计思维手册：斯坦福创新方法论》，这两本书有助于大家对创新产生不同的理解。此时大家再回到业务和流程中就可以做一些比较有趣的设计。

第六个维度是领导和管理，即做对的事，以及用对的方法做事。HR应该改变管理层的认知，通过上述五个维度制定适合公司和员工的组织诊断方案。

除了韦斯伯德的六个盒子模型以外，还有4个比较常见的诊断模型，如表2-1所示。

表2-1　常见诊断模型

诊断模型	详解
麦肯锡7S模型	定义了7个组织要素：战略（建立、保持、加强公司竞争优势的整体规划）；结构（公司的组织形式与员工的分工管理）；制度（业务流程与员工工作方式）；价值观（朝着相同的目标努力）；风格（管理者的管理方式）；员工（员工及其综合实力）；技能（工作所需的技能和能力）
开放系统模型	将组织视为一个开放的系统，可以帮助HR选择诊断的主题，完善对诊断有效性进行评估的标准。此外，HR还可以收集资料，准备反馈，并且决定采取什么行动来解决疑难问题和提高组织有效性
加尔布雷斯的星形模型	加尔布雷斯认为组织有5个要素：战略（愿景、长期目标与短期目标、成功的关键、竞争优势分别是什么？）；员工（需要什么样能力的员工？如何开发员工的创造力？）；结构（工作如何划分？有多少管理层级？）；流程（需要与哪些员工沟通和协调？需要使用哪些系统、活动来沟通和协调？）；回报（员工的薪酬是否合理，需要奖励哪些行为和结果？使用何种手段奖励？）
戴维·尤里奇的诊断模型	戴维·尤里奇将诊断模型分为4个支柱：胜任力支柱（确保组织具备执行公司战略所需要的知识和技能）；绩效支柱（对达成或未达成目标进行跟进的组织流程）；治理支柱（确保建立有效的沟通渠道以引导员工的行为）；变革能力支柱（确保组织中存在适应和改变的流程）。 这4个支柱的落地需要人力资源工作的支撑

诊断模型确定了组织诊断的内容，但不同的公司有不同的需求，HR需要根据实际情况进行选择。对于HR来说，组织诊断是一件有意义的工作，也是实现现代化管理的必经之路，有利于创造良好的工作环境，打造不可抗拒的有吸引力的团队。

2.3.2　组织架构调整要循序渐进

HR在完成组织诊断后如果发现组织架构有问题，就需要对组织进行调整。HR应该考虑公司的规模。通常，公司的规模不同使用的组织架构调整方式也不同。具体来说，如果公司的规模较小，在整个公司范围内进行组织架构调整较为容易，那么HR可以自上而下地进行这项工作；如果公司的规模较大，大规模调整组织架构比较困难，HR就需要找准一个出发点，先从一项业务、一个部门开始进行组织架构调整，然后再逐步推进。

张晓斌是某互联网公司的人力资源部门经理，管理着公司的人力资源管理团队。近几年，随着公司规模的不断扩大，业务的不断增多，其团队也越来越壮大。考虑到公司的成长需要，高管层决定让张晓斌调整现有的组织架构，在内部推行事业部制，即把公司的业务一个个拆分成事业部，给予各负责人更多的权利，推动公司的进一步发展与壮大。

这无疑是一项巨大的工程，为了使事业部制更好地落地，张晓斌提议先将公司的云服务业务拆分出来，组建事业部。这样不仅可以分析事业部这种组织形式的实施效果，还为动员员工、政策宣传提供了准备时间。张晓斌的这一建议得到了采纳，随后，公司将原本的云服务部门调整为云服务事业部，调整了事业部的人员结构，明确了员工的职责。

经过三个月左右的试运营，云服务事业部的效益有了一定程度的增长，规模也进一步扩大。在确定这一组织调整可行后，张晓斌又逐步将公司的其他十余个业务部门调整为事业部制，并为每个事业部配备了更加专业的HR。

在进行组织架构调整时，HR不可急于求成。有时一项大范围的组织架构调整，从初步调整到实现整个公司的覆盖，可能会历时一个季度甚至一年。为什么要这样逐步推进？

一方面，组织架构的调整对公司来说是一个挑战，存在诸多不确定性和风险。找准一个试点逐步进行组织架构调整能够帮助HR明确组织调整的适用性和成效，为之后的组织调整积累经验。另一方面，公司组织架构的调整必然涉及工作岗位的调整，为使员工更好地接受公司的这一转变，更好地在新岗位上努力工作，HR需要为员工留出接受转变的时间。

在组织架构逐步调整的过程中，HR可以进行充分的政策宣传、员工动员等工作，激发员工工作的热情和积极性，使员工更顺利地接受岗位变化。这样可以很好地降低组织架构调整产生的风险，使组织架构顺利完成转变。

2.3.3 无边界化：将组织边界打破

调整组织架构要与时俱进，而无边界化组织是当下比较流行的新型组织架构。之前很多公司的组织架构是一种自上而下的金字塔式，有四种边界：垂直边界、水平边界、外部边界、地理边界。垂直边界是公司内部的层次和职位等级；水平边界分割职能部门及规则；外部边界隔离了公司与客户、供应商、管制机构等外部环境的关系；地理边界是文化、国家和市场的界限。随着信息技术的发展，这些边界日益模糊，跨界运作成为公司的常态。

因此，HR的人力资源工作也要向更灵活、更高效的方向转变，即打造无边界的组织，进一步提升公司内部的效率。具体而言，HR需要做好以下几个方面的工作。

1.跨越垂直边界

跨越垂直边界表现为打破职位等级这种僵化的定位，将权力下放到基层，让员工有一定的自主权，并对结果负责。这就要求HR要培养员工的领导能力，建立绩效与薪酬体系：员工的薪酬以绩效考核结果为基础，基层员工也能通过高绩效获得高报酬。

2.打破水平边界

打破水平边界指的是HR要打破各职能部门之间的边界，使设计部门、生产部门、销售部门、市场部门等连接在一起，形成统一的系统。各部门的员工都用相同的方式面对客户，保证在客户面前公司是一个有凝聚力的整体。

3.跨越外部边界

跨越外部边界，即推倒外部的"围墙"，让公司能与供应商、客户、竞争者、政府机构等外部环境融合，成为一个创造价值的系统，建立供应链管理与战略联盟管理机制，以达到共同拥有市场、共同使用资源的战略目标。

4.跨越地理边界

跨越地理边界，即打破跨国公司的地理边界，使位于不同国家的公司和职能部门能相互学习，与当地的文化融合。

以海尔为例，为了打破组织边界，海尔把销售环节、研发环节"打碎"，放弃原来的组织架构，进化为平台组织者，构建按订单聚散的平台型人力资源体系，每个环节的参与者都是平台玩家。项目确定后，海尔会根据项目的目标召集最好的人力资源组成一个项目团队，这些资源可能来自海尔内部，也可能是来自海尔外部。当一个项目完成后，开始新项目时，海尔会再继续根据项目的需要重新聚集相关资源。

海尔的自主经营体实行"竞单上岗，官兵互选"。每个员工都能公平竞争经营组长，如果经营组长不能带领团队实现目标，那么员工可以重新选择经营组长。通过这样的方式，海尔的各部门之间、管理者与员工之间的边界被打破，可以更灵活地配置资源。

HR也需要在公司内部构建按照订单聚散的平台型人力资源体系，为不同国家、不同地区的各分公司提供沟通协作的平台，打破组织地理边界。HR在进行组织架构调整时模糊组织边界，可以提高信息在整个组织的传递、扩散和渗透能力，实现各部门的有效合作，使各项工作在无边界的组织中顺利开展和完成。

第 **3** 章

数字化人力资源体系：
紧随时代潮流

现在人力资源管理越来越重要，公司对HR的要求不再局限于完成招聘、培训、薪酬统计等比较琐碎的工作，而是希望他们可以参与到公司的人力资源体系建设中来。因为数字化时代的到来，HR必须具备数字化能力，帮助公司打造数字化人力资源体系。

3.1 人力资源管理走向数字化

技术的快速发展标志着数字化时代已经全面来临，人力资源管理也逐渐走向数字化。在这个过程中，HR必须进行数字化转型，否则很可能会被时代抛弃。

3.1.1 数字化时代的人力资源管理

数字化时代，技术越来越先进，人力资源管理与技术的融合也渐趋深入。

HR必须拥抱技术，尽快实现转型升级。在人力资源管理中，以下技术发挥了重要作用。

1.大数据：把控大局，便于整体规划

大数据可以对公司的价值链进行优化，实现效率最大化。HR需要搜集一些关键数据，深度分析价值链上的各环，实现业务创新。数据搜集渠道如图3-1所示。

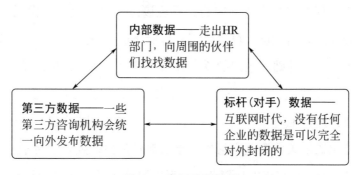

图3-1　数据搜集渠道

有了数据，HR就可以对数据进行分析。例如，HR可以根据员工的业绩数据、工作数据等，为其设计更合理的目标和薪酬。此外，HR还可以根据迟到次数、加班时长、拜访客户频率等数据衡量员工的积极性和做事态度，并在此基础上为其设置岗位和职位等级。

2.云计算：配置资源，保障组织运行

目前很多公司都存在资源被过度配置的问题，但这些公司根本没有意识到该问题带来的严重影响，其HR仍然使用以容量为基础的模型，并试图对未来几年所需要的员工数量进行预测，而预测结果通常是不准确的。云计算可以提供更清晰的现实世界消费图景，同时也可以提升预测的准确性，帮助HR明确应该为公司招聘多少员工。

3.AI：助力工作智能化、自动化

之前人力资源工作都是由HR负责的，然而随着AI的不断发展进步，这

样的情况似乎发生了改变。日本高端人才招聘网站BizReach曾经与雅虎、salesforce合作，共同开发针对人力资源工作的AI产品。该AI产品不仅可以自动完成某些工作，如岗位调动、招聘、员工评测等，还可以帮助HR发现员工的跳槽倾向。与此同时，该AI产品还可以采集员工的工作数据，对员工的工作特征进行深度分析，从而判断员工与其所在岗位是否足够匹配。

4.深度学习：控制、调整各项工作

人力资源管理与数字化之间的关系应该可以用"金字塔模型"来表示：从下至上分别是数据化层、信息化层、智能化层、深度学习层，总结下来就是，由浅入深，由基础到应用的逐层升级。其中，信息化层的基础是可靠且准确的数据；而智能化层的基础则是可靠、准确、海量的数据，不仅如此，智能化层还会并行地对不同信息系统进行二次加工，并作出矩阵式分析，从而形成智能化的结果；深度学习层则是以海量数据、大量信息子系统、智能化为基础进行的神经网络式计算分析，可以说是智能化层的升级版。

借助深度学习，公司可以更好地控制、调整各项工作。以人力资源工作中的岗位分配为例，在HR进行岗位分配的过程中，深度学习可以把海量数据和前辈的经验融合在一起，同时也可以对员工与岗位是否匹配、员工能否胜任岗位的工作等问题进行预测。

可见，对于公司和HR来说，上述几项技术的作用是非常强大的，而这也在一定程度上推动了人力资源的数字化进程，加速了HR的转型升级。

3.1.2　新趋势：数字化工作场所大展宏图

数字化时代，HR可以通过云会议、视频直播、工作群组等方式，把原来不好组织的线下工作直接转变成随时可以发起的线上工作，以加强团队沟通，提高整体效率。此外，HR还可以通过签到积分、权益兑换等方式，把印在手册上的文化升级为游戏化、有趣的新型文化。这样的新型文化可以深入员工内心，打造出良好的公司形象。

总之，人力资源越来越数字化，并带动了HR工作场所的数字化。数字化工作场所使HR的工作发生巨大变革，下面以招聘中的面试为例进行详细说明。大多数HR普遍认为传统的面试方法存在很多弊端，例如，由于场所的限制，难以对候选人的实力进行准确评估。为了弥补这些弊端，新型面试诞生，具体从以下几个方面说明。

1.虚拟现实技术助力

劳埃德银行曾经启动了运用虚拟现实技术进行候选人测试的计划。HR通过相关设备对候选人发布任务，然后对其表现进行监测，从而判断候选人的工作能力，决定是否录用。这种方法为候选人的考察提供了更多可能性，使HR对候选人的评估更加全面、具体，同时为公司打造了一个高新技术、潮流的品牌形象。

2.视频面试

视频面试可以打破传统面试流程中时间与空间的限制，使招聘过程更高效。近几年，使用视频面试的公司越来越多，包括高盛、毕马威、安永等知名公司，都已经开始使用HireVue、Sonru进行视频面试，对候选人进行首轮筛选。我国的一些公司也在使用钉钉、腾讯会议、企业微信等工具为候选人做视频面试。这种方法将HR的工作场所转移到线上，同时扩大了公司对人才的甄选范围，有效促进公司人才库的建立。

3.技能评估工具

之前HR可能要和候选人进行面对面沟通，才可以知道候选人的性格、能力、素质等情况。现在即使没有条件面对面沟通，HR也可以在公司甚至自己家里，利用在线测试系统对候选人进行画像。举例来说，现在有很多以神经学、心理学为依据的测试系统，如哈特曼性格测试系统、PDP性格测试系统等。这些系统可以高效地对候选人的某些素质做出评估，如是否具有抗压能力与团队协作能力等，从而极大地节省HR的时间与精力。

社会在发展，HR的工作场所不再局限于某一特定区域。而且现在很多公司都开始进行云办公，这极大地推动了工作场所的变革和创新。

3.1.3　e-HR变身HR的得力助手

e-HR即电子人力资源管理，是通过应用技术实现人力资源管理的电子化和信息化。e-HR自发展以来大致可以为三个阶段，如图3-2所示。

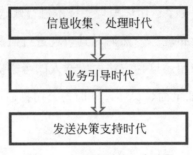

图3-2　e-HR发展的三个阶段

第一阶段主要是通过数据输入输出的手段，处理一些可以信息化的简单工作，如薪酬计算、绩效考核等；到了第二阶段，HR可以在线上完成部分人力资源工作，但要警惕员工管理流程化、人力资源模式固定化等问题；在第三阶段，通过之前积累的大量数据，结合AI、云计算、大数据等技术的运用，e-HR可以为人力资源管理提供有效的规划及指导，如建立员工胜任力模型、实现员工线上培训等。

e-HR是公司发展的一个重要战略，其与人力资源管理的高效统一将影响公司的未来。例如，在e-HR的助力下，从员工提交社保服务单到完成服务可能只需要3.6秒，而传统的社保服务往往需要几分钟，甚至是几十分钟；e-HR让薪酬发放时长缩短至2分钟以内，而传统的薪酬发放则是HR统一负责，可能需要几个小时，甚至几天。

当然，这只是e-HR为公司服务的"冰山一角"。很多HR对e-HR在人力资源管理方面的作用感受不强烈，觉得e-HR无非就是每个月帮助自己计算一下员工的工资、奖金、补贴等，并自动扣除相应的社保。整个过程好像很简单，但实际上不是这样。e-HR为公司和HR带来的不仅是效率提升，更重要的是体验和保障。

以社保为例，其整个业务是非常复杂的，因为大部分城市的社保流程和社保政策可能都不一样。如果HR要面对上百个城市的社保，那可能需要对接上百套不同的社保流程和社保政策。此外，在不同的城市办理社保需要的材料也不同，这也是HR要解决的问题。

每年的3月到7月通常是HR最繁忙的时间，因为这段时间可能涉及社保基数调整。如果社保基数和之前不一样，HR就要为员工重新计算社保。有的城市会在7月调整社保基数、8月调整公积金、9月调整医保，这样HR的工作量就更大了。

公司如果想发展得好，首先要开放，广泛使用其他专业机构提供的资源，自己则聚焦核心业务。e-HR的一个发展趋势是让不同的程序能够更好地融合，从而让HR和员工有更好的体验，让HR的操作变得更简单。一些大型公司采用e-HR作为办公工具，让HR甚至不需要操作，只需要点击确认就可以即时提交即时获取结果，非常方便。

3.2 打造数字化人力资源体系

人力资源管理正在经历技术带来的数字化变革，很多公司为了提升管理水平，都积极打造数字化人力资源体系，负责此项工作的HR自然也被卷入这场"风暴"中。在数字化趋势下，HR必须不断提升自己的能力，推动人力资源体系的数字化转型。

3.2.1 数字化人力资源决策体系

在数字化时代，HR的决策应该趋于数字化。HR需要以内外部的数据为基础，通过智能化分析了解公司的人力资源管理现状，有效预测人力资源管理未来可能面临的问题和挑战，从而制定更科学、合理的决策。

AI等技术可以对数据进行进一步分析和整合，并在此基础上自动形成人力资源管理报告，以帮助HR制定更加科学、合理的决策。从目前的情况来看，随着技术的不断进步和完善，越来越多的HR将数字化决策看作人力资源管理的未来发展方向。但这并不意味着HR能安于现状，HR应该不断提升自己的技术水平和管理平台及数据的能力。

1.流程资讯能力

在技术和智能设备的助力下，HR可以通过合成数据、分析数据等方式提高自己在操作流程中的决策比例。在这种情况下，HR不仅应该重新设计操作流程，还应该提升自己的技术能力，从而应对更复杂、困难的决策。

目前，技术正在用一种HR还没有掌握的方法，对之前"以员工为中心"的内部操作流程进行改造，这显然是技术与机器人流程自动化的融合。以语音识别身份验证系统来说，其可以在记录考勤的过程中发挥作用，从而降低考勤管理的难度。

2.平台及数据管理能力

如果HR不具备平台及数据管理能力，数字化转型很有可能遭遇前所未有的瓶颈。因此，HR必须冒险一试，努力将自己打造成一个"数字化小能手"。知名公司IBM就利用大数据分析，发现成功的销售人员的重要特点并不是性格外向，而是对自我的鼓励和坚持不懈的毅力。利用该分析结果，IBM构建出招聘模型，使招聘条件更精确，提高了招聘效果。

目前HR要做的事情还有很多。首先，应该把精力集中在那些能够进行高效人力资源管理的AI产品（包括AI软件、AI机器、AI机器人）上；其次，关注那些AI产品所使用的数据和算法；最后，想方设法提高自己的判断力和领导力，为公司做出更大贡献。

3.2.2　数字化人力资源运营体系

公司创新的核心是"人"，HR的工作重心是"人力资源运营"，如何把握好这个工作重心，并使其不断创新，是每个HR都必须认真思考的问题。现在的技术正在让人力资源运营发生巨大变革，这一点可以从内容、形式、策略三个方面来详细说明。

1. 内容：智能分析员工特性，优化招聘效果

费曼是一家在线房地产服务公司的HR，起初公司只有十几名员工，随着公司的发展与壮大，仿佛一夜之间就需要招聘一批新的、有能力的员工。这样的情况让费曼感到无所适从，面对候选人投来的海量简历，他更是觉得手足无措。

但自从AI系统出现并兴起以后，解决方案也应运而生。AI系统可以使简历审查工作变得更简便和快捷，也可以分析求职者的特性，为求职者建构一份个人心理档案，从而准确判断这位求职者是不是与公司的文化氛围相契合。

举一个比较简单的例子，通过评估求职者喜欢使用哪些词语，如"请""谢谢""您"等，去判断其同理心和接待客户的可能性，与此同时，AI系统还可以帮助HR衡量求职者在此次面试中的表现，并在很短的时间内从4000名求职者中挑选出最合适的2%～3%。

2. 形式：借大数据动态管理，发挥员工价值

试想一下，如果公司不仅可以借助大数据对员工的积极性和主动性进行预测，同时还可以评估员工的能力及其做的贡献，情况会如何变化呢？

HighGroud是美国的一家软件公司，一直致力于研发员工积极性产品。HighGroud创建了一个可以从员工交流中挖掘数据的系统，有了该系统，每一位员工的工作情况都可以被清晰地展示出来，这可以促进公司人力资源运营的顺利进行。这个系统还允许客户留下反馈，与客户反馈相关的数据可以大幅度提升公司员工的能力和积极性。与此同时，领导层也可以根据这些数据找到最佳的运营策略。

3. 策略：给予员工自主权，提高员工满意度

大多数公司的运营策略是由领导层制定的，而下面的员工只能毫无怨言

地执行。但并不是所有策略一开始就是合理的，很多策略是在实践中一边执行，一边调整和优化的。借助数据分析、自然语言处理等技术，HR可以掌握员工的一些想法和意见，如果把这些想法和意见融入公司的运营策略，不仅有利于确保运营策略的科学性和合理性，还可以在一定程度上赋予员工自主权，从而提升他们对运营策略的满意程度。

无论在什么时候，激发和整合所有员工的智慧来制定运营策略、推动公司变革，并解决业务开展过程中的各种问题，都是一个很好的办法。对于领导层而言，只有用这样的办法制定运营策略，才可以使公司的业务随复杂、快速的环境变化而实时变化，也才可以赋予员工一些应对变化、推动变革、解决问题的能力。

3.2.3　关键点：借势而为，提升效能

经过数字化时代的"洗礼"，全球范围内的公司都受到了影响，这个影响当然也体现在了人力资源管理上。HR可以从中挖掘机会，借势而为，帮助公司应对挑战。

首先，HR要想方设法提升人效，这里为HR提供4个建议。

（1）缩编：用更少的员工做更多的事或用同样的员工做更好的事。

（2）职能调整：坚持以业务为中心，以绩效为导向。

（3）制度流程简化：剔除不必要的管理行为和环节。

（4）组织架构合并：资源统一调配，减少管理岗位，充实一线岗位。

其次，HR要进行自我修炼，不断提升自己的管理能力，具体可以从以下几个方面入手。

（1）极限施压：制定高目标，掌握极限施压的方法与程度。

（2）三层三感：给基层员工安全感，给中层员工公平感，给高层员工目标感。

（3）对自己狠：平庸的人才总是处于最佳状态，HR必须想办法做一些有挑战性的事。

（4）正确审视自己：HR可以在评估自己时保守一些，在评估员工时大方一些。

（5）勇于试错：管理者的价值就是处理没有共识的难题。如果遇到这样的难题，HR要不断向前摸索，根据试错结果调整自己的状态和人力资源方案。

（6）直面恐惧：HR要勇于迎难而上，切勿一遇到挫折就自暴自弃。

最后，HR要弥补公司的管理短板。

形式主义（领导经常开会，但议而不决）、本位主义（各部门相互甩锅，只顾自己的KPI）、组织臃肿（某个部门的员工看似很多，但其实没有一个员工在真正担责）等因素已经成为很多公司的管理短板。这就要求HR必须对内部管理进行升级。

（1）整合组织架构。整合组织架构的方法有两种：横向整合，即打破部门之间的壁垒，将有相同业务的部门合并；纵向扁平，即简化汇报和决策等流程，提升运营和管理效率。

（2）以任务为导向，复合利用人才。HR可以赋予员工多种角色，根据角色为其安排任务。换句话说，员工是一块"砖"，哪里需要就"搬"去哪里。

（3）员工精英化，实现个人高单产。人效提升意味着更少的员工做更多的工作，但并不等同于缩编减员。HR可以招聘更优秀的人才，让这些人才拿两倍的工资做三倍的工作。

（4）向合作伙伴借力，将部分工作外包，即让专业的机构做专业的事。

对于公司来说，成长和发展的过程就是应对挑战的过程。每一个挑战其实都是一个台阶，只有成功迈过这个台阶的公司才能看到更美的风景。在面对挑战时，公司要建设更灵活的组织，HR要采取更新的人力资源管理模式，这样才可以最大限度地顺应时代，并取得成功。

3.3　组织变革赋能人力资源体系

组织变革随时都在发生，所有公司都不得不寻找应对组织变革的方法。找到正确方法的公司可以获得快速、稳健的业绩增长，这些公司的发展有什么共性吗？当然，从人力资源的角度看，这些公司的技术能力都比较强，而且具备了让组织变革赋能人力资源体系的能力。

3.3.1 数字化时代的组织变革

数字化时代的员工与之前的员工很不一样，技术也被聚焦。对此，很多HR会觉得技术离自己很遥远，甚至毫无关系，这样的想法是非常错误的。HR作为社会的一员，也是人力资源工作的执行者，必须了解和掌握技术，这已经成为一项非常重要的能力。

我们正处于一个技术爆炸的时代，技术的进步可能会让公司发生组织变革，公司不再是个体，而是与社会环境息息相关。过去，组织发展依赖的是员工的劳动体力增长，现在则需要HR变身为"员工小助手"，考虑员工每天都是什么状态，自己能否跟上他们的变化。

之前很多公司都追求效率，但在今天的竞争中，这些公司还没有适应现在的节奏，这就是数字化时代的特点。20世纪，体力劳动者的生产率增长了近50倍，这是人力资源管理做出的最重要的贡献，也是独一无二的贡献。21世纪的人力资源管理以提高知识工作和知识工作者的生产率为核心，在这种情况下，最有价值的资产变成知识工作者及其生产率。

这一代年轻人与上一代有诸多不同，他们对于职业的看法在不断变化。大多数"95后"和"00后"是独生子女，也是移动互联网的原住民，想法和观念都十分新潮。如果用之前的方式管理他们，会产生很多问题。因此，HR要不断适应新的时代和新的员工，这样才能让组织保持强大的生命力，才能让公司创造更多价值。

3.3.2 人力资源体系必须应对组织变革

身处数字化时代，HR要想应对变革其实很不容易。公司存在的意义和价值会赋予HR新的意义和价值。现在是数字化时代，很多因素都会导致环境的不确定性，如员工发生流动、变革加速、跨界竞争激烈、全球化趋势显著等。

在这种不确定的情况下，人力资源体系如何匹配变革是HR需要思考的问题。此外，之前的机械化组织转化为有机组织，这样的组织变革也让HR不知所措。面对这些问题，为什么有些HR能做好，而有些HR做不好呢？我们可以从以下几个方面找原因。

（1）创新和应变。之前HR在打造人力资源体系时追求的是效率，但在数字化时代，HR关注的应该是创新和应变，即调整与优化人力资源管理模式。

（2）思考核心价值。时代虽然在变，但组织存在的核心价值是不变的。HR应该由这个核心价值入手，思考公司的人力资源体系。

（3）动态目标管理。组织的生命周期缩短，面临更复杂的商业环节和社会环境。在这种情况下，动态目标管理和战略选择是HR必须具备的思维与能力。OKR（Objectives and Key Results，即目标与关键结果）的本质是让目标不再是简单的顶层设计，而是组织中的各体系都能够根据时代的发展找到适合的目标。

（4）由内而外协作。每个部门都有自己的目的和利益，HR要想使其达成良好的协作，共同推动人力资源体系落地，就必须对原来的组织架构进行调整。换言之，组织架构调整能为各部门之间的协作带来更多可能性，从而使其成为利益共同体。

3.3.3 展望：组织形态的发展趋势

未来的组织形态虽然没有定性，但一定具备的特征是一致且自主。组织和个体需要在一致性和自主性中找到平衡。这里的一致性和自主性是两个不同的维度。

（1）低一致性、低自主性：管理者下指令，团队执行。

（2）高一致性、低自主性：管理者告诉团队要做什么，以及怎么做。

（3）低一致性、高自主性：团队各行其是，管理者很无助。

（4）高一致性、高自主性：管理者聚焦要解决什么问题，由团队自己去找出解决方法。

　　整个公司为了一致性的目标完成具有创造性的任务，这就是未来的组织形态。以后，组织要具备灵活性、响应性、自主性、创新性。很多HR抱怨公司缺乏活力，效率非常低。其实要解决此问题，HR除了做好督促以外，还必须找到激活员工的核心元素。

　　在不同的价值观中找到协同之处是HR要重点关注的部分。自由和责任是文化的核心，HR要让员工既有和公司一致的责任，又享有自己的自由。未来的组织可能很灵活，能够为HR带来很多动态的内容，HR也将更具自主性。

招聘管理篇

第4章

人才招聘：
挖掘高素质员工

公司要想长期、稳定地发展下去，必然离不开人才的引进。HR作为人力资源管理的执行者，需要不断为公司注入新"活力"，即做好招聘工作。可以毫不夸张地说，HR的招聘能力会在很大程度上影响各项工作的高效开展及公司在市场上的竞争力。

4.1 招聘漏斗分析

在寻找人才的过程中，HR会先收到海量简历，然后需要对这些简历进行筛选，分析求职者的相关信息并安排面试。整个过程通常需要比较多的时间和精力，于是，为了提高HR的工作效率，招聘漏斗应运而生。本节就对招聘漏斗进行分析和讲解。

4.1.1 招聘漏斗：把握好转化率

招聘是一项涉及多个环节的工作，从最初的投递简历到最后的入职，每个环节的候选人都在依次减少，最终呈现出漏斗的形状。因此，一些专家就将要经历层层筛选的招聘流程形象地总结为招聘漏斗，如图4-1所示。

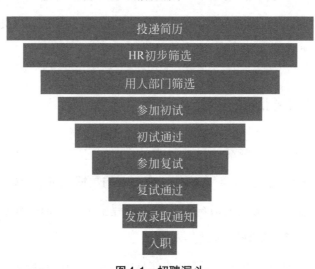

图4-1　招聘漏斗

招聘漏斗可以直接体现招聘各环节之间的转化率（Conversion Rate）。这里所说的转化率就是从一个环节进入下一环节的人数比率。详细来说，如果投递简历的候选人有10个，而符合HR初步筛选要求的候选人有2个，那这两个环节之间的转化率就是20%（2/10×100%=20%）。通常HR对招聘需求掌握得越精准，就可以将招聘流程设计得越科学、合理，招聘漏斗的转化率也会有很大提升。

如果转化率比较低，HR就应该多与用人部门沟通，对招聘需求进行复盘，适当调整招聘流程。当然，如果转化率过高，HR需要反思自己是否真的按照招聘标准与任职资格对候选人进行严格筛选。当发现自己对候选人过于宽容时，HR要及时调整。

为了判断招聘漏斗的转化率是否在合理水平，HR需要结合公司内部的历史招聘数据与外部市场的招聘数据进行对比。艾媒咨询（iiMedia Research）曾经对上百家公司的招聘数据进行了调查与分析，结果显示，招聘漏斗的平均转化率大约是1.2%。

随着公司规模的逐渐扩大，这个转化率一般不会产生很大波动。但其他因素，如招聘处于淡季还是旺季、招聘岗位是高层级还是低层级、使用什么样的招聘渠道等，则会导致多样化招聘漏斗的形成。因此，HR要做好全面分析，尽量将这些因素都考虑进去。

4.1.2 什么是招聘漏斗图

招聘漏斗图是以招聘漏斗为基础的示意图，它整合了包括投递简历、用人部门筛选、复试通过、入职在内的所有环节的数据，可以很好地帮助HR分析各环节的人员留存与流失情况。从整体流程上来看，招聘漏斗图主要包括三个关键节点：简历管理、面试、入职。

其中简历管理主要考察的是HR的信息审核能力和筛选能力；面试主要考察HR的沟通技巧、语言表达能力以及谈判能力；入职是在考察HR的识人能力和留人能力。

招聘漏斗图可以用一些简单的数据，让HR对招聘过程中的问题一目了然。例如，当招聘目标没有达成时，HR可以根据招聘漏斗图上的数据找到是哪一个环节出现问题，是接收不到简历，还是面试通知发出去没有人来面试，抑或是拿到了offer（指录取通知）的人最后没有入职等。

当录用率过低时，HR可以进一步分析原因，并采取一定的措施。例如，发送offer后持续跟进相关情况，并提醒求职者按时入职；让部门主管与求职者见面，拉近双方之间的关系；如果HR与求职者是校友，可以打"感情牌"，防止求职者被中途"截和"等。这些都是可以提高录用率的有效方法，HR不妨将其应用到招聘工作中。

张伟是某直播公司的HR，他通过招聘漏斗图发现入职的员工非常少，即入职率过低。通过与求职者沟通，他总结了7个比较重要的原因，如图4-2所示。

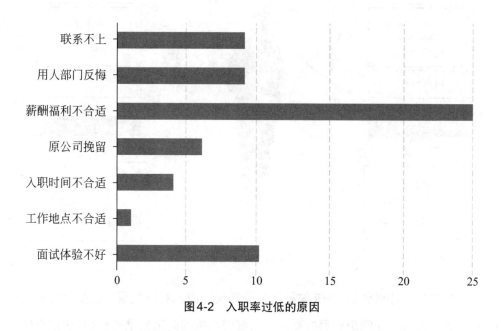

图4-2　入职率过低的原因

根据图4-2可知，觉得薪酬福利不合适而拒绝入职的人最多，此时张伟就需要分析公司的薪酬福利是否安排合理，与市场行情有没有较大差距。只有找到薪酬福利的不合理之处并进行调整，入职率过低的情况才会有所改善，从而进一步优化招聘效果。

4.1.3　招聘漏斗分析有何重点

有了招聘漏斗图，HR就可以进行招聘漏斗分析。但在此之前，HR需要明确人才画像。人才画像是HR根据岗位要求描绘出的可以胜任岗位的人才原型，简单来说就是HR在脑海中勾勒出公司所需人才的模样。人才画像通常由价值观、个性文化、动机需求等要素构成，HR可以根据这些要素制定招聘标准，以便更精准地找到合适的员工，如图4-3所示。

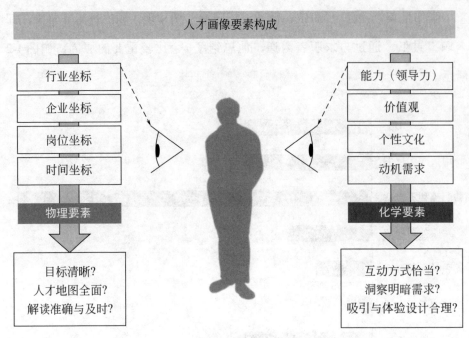

图4-3　人才画像

描绘出人才画像后，HR需要结合招聘漏斗图，对一些重要的招聘数据进行分析。例如，在简历管理方面，用人部门筛选的简历数量和HR初步筛选的简历数量之间的比值，是用人部门的简历筛选率，该数据可以考察HR对用人部门的了解程度，也可以看出HR是否可以筛选出匹配度高的简历。通常这个数据越接近100%，说明HR的能力越强。

参加初试的人数与用人部门筛选的简历数量之间的比值、参加复试的人数与通过初试的人数之间的比值也应该接近100%，但很多时候，最终结果是有偏差的。此时HR可以进一步分析出现偏差的原因，找到公司的哪些情况没有达到求职者的期望。

发放offer的数量与通过复试的人数之间的比值也很重要。从理论上来说，通过复试的人会收到offer，但有些人可能因为种种原因，如薪酬未与公司达成一致意向、背景调查没有通过等，最终没有入职。HR要分析原因并制定合适的应对措施。

入职人数与发放offer的数量之间的比值最好可以达到100%，这对于HR

来说是最理想的结果。如果没有达到100%，HR需要分析求职者最终未入职的原因，并据此改进工作。

入职人数与面试人数之间的比值是录用率。如果录用率很高，那就意味着HR和用人部门筛选简历的质量比较高。同时也代表公司投入的人力成本、时间成本、财务成本等比较低。

有些数据是不需要HR分析的，因为分析结果并没有很大意义。像HR初步筛选的简历数量和求职者投递的简历数量之间的比值就可以不分析，因为比值高低并不能说明问题。例如，假设营销岗位只招聘1个人，HR收到了1000份简历，从中初步筛选了10份，即初步筛选率为1%。这个数据不能说明HR的筛选能力有问题，也不能说明求职者投递过来的简历质量不行。因此，HR在进行数据分析时要有取舍。

4.2 招聘面临哪些陷阱

HR在招聘过程中会遇到各种各样的求职者，但很多时候，他们依然找不到符合用人部门需求的员工。究其原因，其实是他们误入了招聘陷阱，如没有进行招聘规划、没有分析招聘数据等。所有HR都应该了解招聘陷阱，并想办法规避它，否则很难招到理想的人才。

4.2.1 招聘规划不完善

对于HR来说，招聘规划就是工作的标准，是提升效率、确保质量的最佳方法。当用人部门一味地指责HR招聘不到位、周期太长、效果不行时，招聘规划就是最好的反驳武器。因此，HR必须高度重视招聘需求评估工作，做好招聘规划，毕竟，人才是公司立足的根本。

招聘规划不完善主要体现在两个方面，一是招聘人数不合理，二是招聘进度不合理。另外，招聘规划不完善也容易引出一些连锁问题。例如，HR对用人标准的认知不准确，过于主观；HR只想着找最优秀的人选，而没有考虑最合适的人选；HR没有考虑到公司的行业地位，把招聘目标设定得太高等。这些问题都会对招聘产生不良影响。

张潇是一家公司新聘请的人力资源主管。刚入职时，她就发现公司的招聘规划存在很大问题：原来的HR制定的招聘人数不合理。为此，她决定从3个方面解决问题。

（1）将公司与同行业其他公司放在外部市场的大环境下做对比，明确公司现阶段的定位，进行有效分析，研究公司的员工编制情况。

（2）通过业务指标确定缺岗人数。张潇根据业务量的多少决定缺岗人数。这种数量关系不是绝对的，比较适合与业务直接挂钩的岗位。

（3）对于公司的中高层管理者，张潇采用了组织架构法，即先根据未来几年的发展规划确定整体的组织架构，从而确定下设岗位的位置及数量。

为了让招聘更顺利，张潇还根据公司新一年的发展战略对各部门的人才储备进行了调整。她抓住了高校毕业生即将毕业的夏季，进一步扩大招聘规模。对于很多大中型公司来说，在市场竞争压力相对较小时，校园招聘是一个非常好的选择。为了贴合高校毕业生的求职偏好，她的招聘渠道偏向于小红书、微信公众号、抖音直播等新媒体。

通过详细的招聘规划，HR可以直观地了解招聘情况，并在此基础上及时调整招聘管理方案，以达到公司、用人部门都满意的目的。

4.2.2　缺少招聘数据分析

通常为了提升招聘效率，HR需要将招聘相关环节以数据的形式表现出来，并从公司的角度出发对数据进行分析，以达到为用人部门合理配置员工的目的。

为了掌握一些重要的数据，HR需要与用人部门的负责人进行面对面交流。举例来说，如果是生产部门需要招聘员工，HR就要根据市场部门近期的销售数据，分析需不需要扩大生产，以及是否真的需要招聘新员工；如果需要招聘技术人员，HR就要与中高层管理者确认公司的发展方向及新开发项目的需求，以决定招聘数量。

HR还要对招聘层级进行划分。公司由很多岗位和部门组成，往往有层级和种类之分。不同的岗位和部门占据着不同的位置，发挥着不同的作用，对员工有不同的要求。因此，HR要根据不同的层级要求合理地进行人力资源配置，以进一步强化人力资源的整体功能。

只有在合适的岗位上工作，员工才可以充分发挥自己的能力。因为每个员工的能力在横向上表现出不同的水平，在纵向上又处于不同的层级位置，所以在招聘时，HR应该使岗位配置与员工能力相对应，即员工所具有的能力要达到所处层级和岗位的要求。

例如，公司的研发部门需要能扛起新研发项目大旗的经理级别员工，那么在招聘时，HR的要求就要提高，要对研发经验、管理经验进行严格考察。同时，HR要分清招聘的轻重缓急，将员工放在最重要的岗位上，迅速解决问题。

再以生产部门为例，当公司需要大量的产品时，即便是现有员工加班加点赶制也无法满足需求，更何况过度消耗员工精力是一件得不偿失的事情。此时HR就应该根据需求的轻重缓急，优先为生产部门招聘员工，合理分配招聘资源。

4.2.3 怎么解决高阶人才招聘问题

任何一家公司都需要高阶人才，而高阶人才的招聘难度往往不低。此时HR可以借助胜任力模型来解决这个问题。什么是胜任力模型？就是以某岗位优秀员工所具备的能力要求及胜任特征为基本框架构建模型，并以此模型为判断依据对候选人的价值观及过往表现进行评估，预测候选人在该岗位的表现，并做出相应决策。

例如，HR要招聘销售经理，此时就需要抓住公司的一些特点，如"大型""市场拓展期"等。其中，"大型"意味着HR在构建销售经理的胜任力模型时，需要考虑其管理能力；"市场拓展期"则提示HR需要考虑客户开发能力等因素。

接下来的重点是实际调查部分。HR可以随机挑选几名在职的销售经理，对其进行调查分析（可以使用问卷、对面访谈等方式）。根据各位销售经理的调查报告，HR能够整理出销售经理的胜任力特征，并根据这些特征构建胜任力模型，如表4-1所示。

表4-1　销售经理的胜任力模型

销售经理的胜任力模型			
分类	特征	详细说明	等级评定
技能	销售技能	掌握销售技巧，把握用户需求，达成交易	4 3 2 1
	销售策略	掌握销售策略，有助于达成战略目标	4 3 2 1
	客户意识	对客户需求敏感，掌握提升客户满意度的技巧	4 3 2 1
	问题解决能力	解决突发事件，及客户提出的刁难问题	4 3 2 1
	管理能力	掌握下属团队的管理能力	4 3 2 1
知识	财务知识	掌握基础的财务知识，如销售利润的计算等	4 3 2 1
	市场知识	把握行业动态及市场发展趋势	4 3 2 1
	业务知识	熟练了解公司业务，善于向客户推销公司产品	4 3 2 1
个性	成功欲望	对成功具有强烈欲望，在取得成绩时有巨大成就感	4 3 2 1
	抗压能力	对销售任务具有强大的抗压能力	4 3 2 1
	……	……	4 3 2 1
	自强自立	掌握主动权，能长期独立工作，享受成果	4 3 2 1
备注：等级评定 4—优秀，3—良好，2——一般，1—较差			

最后，HR需要对销售经理进行测评，通过测评结果对胜任力模型进行优化和调整。

在招聘过程中，HR如果可以合理运用胜任力模型，针对某些关键岗位，对潜在高阶人才的胜任力进行考察，将大大提高招聘效率，降低招聘成本。

需要注意的是，高阶人才在求职时大多比较谨慎，所以HR一旦通过胜任力模型找到合适人选，就应该主动出击。例如，HR可以邀请候选人在其住所附近的咖啡厅面谈，双方以比较轻松的方式沟通一些重要问题，如职业生涯规划、入职要求等。HR充分表达了自己的诚意，即使对方没有到公司任职，也可以对公司的品牌有很好的提升。

4.3 招聘关键点大汇总

科学、适宜的招聘能够帮助公司引进更多高素质人才，与公司的未来发展息息相关；而招聘工作不到位则会对公司的资源造成巨大浪费。本节总结了招聘关键点，包括招聘广告设计、招聘渠道新选择等，以便帮助HR优化招聘效果。

4.3.1 如何制作有吸引力的招聘广告

在招聘过程中，招聘广告设计也许只是一项不太起眼的工作，但HR不能忽视其重要作用。要知道，招聘广告设计得好，更容易吸引求职者，为公司招揽更多人才。

王静在一家互联网公司负责招聘工作，该公司不是非常有名，再加上当地的IT人才非常缺乏，所以她面临极大挑战。一段时间后，王静对招聘似乎有了阴影，这导致她给求职者打电话时总是没有底气，对于求职者提出的问题，她的回答也是模棱两可。

其实王静所在的公司虽然名气不大，但给出的条件一点都不差。即便如此，在王静先联系求职者的情况下，大多数求职者还是会选择去其他公司，这让她十分沮丧。如果对该案例进行分析，可以总结出三个问题：该公司并不出名、王静在与求职者沟通时总是心虚、招聘结果差强人意。其实，要解决这三个问题并没有那么困难，核心就在于招聘广告设计。

那么，如何才能做好招聘广告设计呢？可以从以下几个方面着手。

1.树立雇主形象

正所谓"物以类聚，人以群分"。良好的雇主形象更容易帮助公司吸引优秀人才。那么，HR应该如何在招聘广告中树立一个良好的雇主形象呢？第一，对公司的描述尽量简明扼要，不宜长篇大论；第二，工作介绍要突出重点，尽量多使用数据及案例等。这样可以增加求职者的好感度，吸引求职者来公司面试。

另外，为了让雇主形象更立体，HR还可以寻求管理者的帮助，一个比较不错的方法是让管理者在知乎、脉脉、智联招聘等平台上定期发布可以展现公司优势和发展理念的文章。有些求职者可能会因为被这些文章吸引而加入公司，甚至还会为公司介绍更多优秀人才。

2.一句话描述公司文化

为了充实招聘广告，HR应该总结与公司文化相关的词语，并将其整合成一句话。例如，"开心的工作、和蔼的老板、友善的同事，你还在等什么，赶紧加入我们吧！""有梦想就有无限可能，全员持股、各种福利、轻松愉悦的工作氛围，等待你的到来"等。

3.隐晦性与突出性兼具

在招聘广告中，有些信息的表达需要隐晦一些，像特殊岗位的薪酬就不必表达出来，可以用"不差钱""保证让你满意""面议"等字眼代替；而公司的优势、亮点则必须重点突出。

有些求职者除了关心薪酬以外，还非常重视工作氛围以及个人的发展。他们在工作中付出的努力是否能得到公司的认可、公司是否愿意精心培养他们、他们是否能在工作中不断提升自己等诸如此类的问题，都是求职者考量的重要因素。如果招聘者在招聘广告的描述中能够把握好这些重点，自然更容易吸引志同道合的求职者。

4.3.2　常用的5大类招聘渠道

人才承担着"输血"功能，可以直接影响公司的存亡与发展。为了让越来越多的人才进入公司，HR需要掌握以下几种招聘渠道。

1.线上：智联招聘、前程无忧、脉脉、BOSS直聘

在线上引进人才一般有两种形式，一种是在公司的官网上发布信息，搭建人才招聘系统；另一种是使用专业的网站，如智联招聘、前程无忧、脉脉、BOSS直聘等。

还有就是社交新媒体渠道近年来发展迅猛，例如，LinkedIn（领英）是比较集中的中高端人才流量池，以外企和互联网大公司为主。除了LinkedIn，还有企业微信、知乎这类社交平台，也能够充分发挥社交资源价值，帮助HR找到合适的高技术人才。

2.校园：校园招聘会、招聘网

因为费用低廉，加之针对性比较强，校园招聘已经成为很多HR会选择的招聘渠道。但必须注意的是，这个渠道虽然能够为公司招揽人才，但很多毕业生因为没有工作经验，职业化水平不高，流动性也比较大，这就要求HR要在培训上多下功夫。

3.线下：人才市场、大型招聘会

人才市场、大型招聘会都是HR免费储备人才的好地方。虽然在这些地方找工作的人鱼龙混杂，工作水平也良莠不齐，但HR如果真的能从中识别出"宝藏"，那也是很不错的。

4.猎头：埃摩森、沃锐人才、猎仕达

借助猎头的力量引进人才对于HR来说虽然方便，但并不适用于所有岗位。一般在为层级比较高的岗位引进人才时，HR可以寻求猎头的帮助。

5.内部推荐：亲戚、同学、朋友、同事

在使用内部推荐时，HR要注意，由于推荐者和被推荐者存在一定的感情联系，这种感情联系一旦被滥用，很有可能影响公司的团队建设，甚至形成拉帮结派的现象。

其实除了上述几个渠道以外，还有些HR会使用纸媒，如报纸、杂志等。现在有些专门发布招聘信息的纸媒，HR在这些纸媒上登一次招聘信息就可以持续发行一周，信息还和线上招聘平台同步。虽然随着网络的不断发展，纸媒已经不算是主流渠道，但在引进一些基层岗位和技术岗位的员工时，这个渠道依然可以发挥比较大的作用。

4.3.3　华为在校园招聘上放"大招"

在每年的校园招聘会上，华为等知名公司会吸引众多人才的目光。为了招聘人才，华为一直坚持举办应届生招聘会，涉及全国多个城市和多所重点高校。华为还会安排常务董事和总裁级别的高管参与校园招聘，以宣讲会的形式和学生交流。

华为作为一家有着大量员工、待遇优厚、影响力强大的知名公司，要想在人才市场找到合适的人才可谓是易如反掌。即便如此，华为每年还是会通过校园招聘的方式招聘一批优秀毕业生，并会为他们提供极具吸引力的薪酬和福利。

例如，华为曾经在南京招聘应届毕业生，为研发岗位提供的基本工资是20多万元，年终奖有近10万元，并附带一系列长效激励机制。起初华为在校园招聘中的标准是，找一些能吃苦、肯钻研、愿意通过努力奋斗来改变自己命运的毕业生。

如今的华为已经是一家国际性大公司，需要的是胸怀世界的勇敢年轻人，因此要打造人才"倍"出的人才机制。这个"倍"主要是指在速度上更快，换言之，华为需要培养一批年轻人在世界舞台上做出引领全球的贡献。

身处数字化时代，华为一直保持着极强的创新能力和变革能力，对人才的渴望也没有停止过。无论是技术型人才，还是销售和市场型人才，只要入职华为并努力工作，都可以有不错的发展。而校园招聘作为年轻大学生进入华为的最佳通道，将持续为华为输送高素质人才。

4.4 如何高效筛选简历

HR在发布招聘信息后，往往会收到很多简历，为了提升招聘效率，HR必须从中筛选出符合岗位任职要求和用人部门需求的简历。因此，HR应该掌握一些筛选简历的技巧。

4.4.1 审核简历的6大关键点

简历是HR与求职者的一场初步交流，做好简历筛选有利于后续面试工作的高效进行。那么，简历应该如何筛选呢？HR需要重点对以下几个方面进行审核。

1.审核基本信息

基本信息主要包括个人信息、实习经历、专利成果、竞赛实践等。一份普通简历和一份优秀简历在基本信息介绍上会有很大不同，如表4-2所示。HR可以根据表上的评估标准先将优秀简历挑出来，然后对其进行更进一步的审核，进而提升审核效率。

表4-2 普通简历 vs 优秀简历

项目	普通简历	优秀简历
校徽	大部分有	通常没有
标题	"简历"或"个人简历"	有自己的名字，应聘职位等
相片	形式花哨，五花八门	规整，符合要求
个人信息	极为全面，甚至像人口普查，有的则像征婚启事	简单，三行确定最主要的信息，包括联系地址、电话、E-mail等
求职目标	大部分无	有
教育背景	加上很多课程名	由近及远写毕业院校，不写课程名，注明GPA及排名
实习经历	较多，是一些事情的堆积，而没有轻重之分，也不对其进行详细介绍	实习经验有主次之分，在一家公司实习的关键事件不超过3～4项，实习经验都能按照STAR法则填写

项目	普通简历	优秀简历
项目经历	较多，是一些大小事情的堆积，而没有轻重之分，也不对其进行详细介绍	选择与应聘职位相关的项目经验，严格按照STAR法则填写
学术研究	长篇累牍，散乱无章	按照学术论文书写规范，标明第几作者，EI检索/SCI收录/IEEE收录
专利成果	长篇累牍，散乱无章	注明专利名称，按STAR法则填写
竞赛实践	长篇罗列，各种性质的竞赛混在一起	选择性地选择与应聘岗位相关的竞赛，并选择关键性竞赛做详细描述

通常，基本信息不合适或表述不明确的简历，HR可以直接剔除。例如，所需岗位要求本科学历，那不符合该项要求的简历便可以不予考虑。同时，HR还要注意审核与项目经历、学术研究相关的内容是否详略得当，并警惕求职者在这些方面弄虚作假。

2.审核整体风格

整体风格是指简历设计是否规范、有无错别字、陈述是否条理清晰、语言是否简练等。HR可以通过这些要点为求职者做初步画像，然后从中选出最合适的那几个。

3.审核过往经历

HR可以通过分析求职者的过往经历来判断其真实能力，及其与对应岗位的匹配度。举一个简单例子，公司需要找一个会计，某求职者的简历中显示，他长期从事销售类工作，那么该求职者与岗位明显不匹配，可以直接淘汰。

4.审核逻辑性

HR在筛选简历时应该重点审核求职者的过往经历等内容是否符合逻辑，有没有不符合实际情况的地方。例如，在一份简历中，求职者介绍自己的计算机等级是六级，但实际上在我国计算机的最高等级是四级。这显然不符合逻辑，也说明求职者不诚实。

5. 审核主观内容

主观内容主要包括自我描述、个人评价等，这是分析求职者性格特点以及文化素养的重要渠道。例如，一家公司正处于拓展期，需要的是具有拼搏精神，可以积极奋进的员工，但某求职者的简历表明，他更适合稳定、舒适的工作环境，此时就可以把该简历排除在外。

6. 审核期望薪酬

大多数求职者都会有一个期望薪酬，公司需要将这个期望薪酬与求职者的自身条件、市场上的薪酬情况做对比，然后判断该求职者是否与公司及招聘岗位相匹配。

绝大多数HR在招聘期每天都会接收成百上千份简历，通过简历筛选，将有多达90%的不合格简历被剔除在外。这大大减少了HR的工作量，提高了招聘效率。

4.4.2 怎么辨别简历真假

有些求职者为了让自己的简历脱颖而出，会夸大自己的经历，给HR一些虚假信息。这就需要HR在筛选简历时练就一双"火眼金睛"，找出虚假信息，过滤掉简历中的"水分"。

第一，HR需要对求职者填写的个人资料进行检查，判断求职者本人与其身份证上的照片是否一致，并核实其年龄、家庭住址、婚姻状态等基本信息。虽然现在对个人资料进行造假的求职者不多，但HR也不可以因此忽视这项工作。

第二，个人教育经历是很容易弄虚作假的部分，HR应该格外注意。如果求职者是大专及以上学历，HR可以通过中国教育学信网进行核实。如果HR在学信网上查不到求职者的学历信息，可以向求职者了解其当时在学校的学习情况，如任课老师都有谁、所学专业都有哪些科目，然后再对求职者的回答进行核实。

第三，HR要警惕求职者对工作经历进行造假。很多工作都会有工作经历方面的要求，有些求职者为了应聘成功，会在这方面弄虚作假，主要表现为虚构之前任职的公司、夸大曾担任的职位、谎报工作业绩或薪酬水平等。

第四，HR要检查求职者的专业技能证书，并邀请专业人员对求职者进行专业知识考察。另外，HR还可以要求求职者提供原任职公司的联络方式，通过其之前的上司和同事了解其专业技能水平。在此过程中，HR还可以顺便对其离职背景进行调查。

第五，HR可以邀请专业人员鉴定求职者的过往工作业绩，并通过第三方咨询机构了解求职者提出的薪酬水平是否与行业平均薪酬水平相符。如果HR了解到的过往工作业绩和薪酬水平等信息与求职者的实际情况有较大出入，可以推断求职者有弄虚作假的情况。

4.4.3　如何从简历中发现人才

究竟什么样的人才最适合公司？到底用什么样的方法，才能从简历中挖掘出高潜力人才？这是人力资源部门和广大HR在招聘过程中面临的重要问题。

每一个HR都应该明白，推崇不同文化和价值观的公司，对人才素质的要求是有差异的。例如，有的公司主张规范严谨，而有的公司提倡积极创新。另外，不同岗位对人才能力的要求也不尽相同，例如，销售类岗位要求员工必须思维敏捷、善于沟通，而财务类岗位则更强调员工的严谨细致、强原则性。HR应该先与用人部门沟通岗位要求，了解用人部门希望招聘哪类人才，在此基础上，再结合简历上的信息为用人部门挑选人才。

每一家成功的公司都非常重视人才储备。知名公司宝洁一直非常重视招聘工作，并将此工作作为人力资源管理的根基来经营。宝洁的HR在挖掘人才时非常关注勤奋、积极求胜、诚实、正直等品质。他们会在招聘过程中以胜任力模型为重要依据进行简历筛选，争取为公司找到最合适的人才。

在招聘过程中，HR可以通过MAP模型（图4-4）对求职者进行更科学的选拔。在MAP模型中，M（Mental Capability）指脑力，即对信息的分析和学习等能力；A（Attitude）指态度，决定一个人的价值取向、内在驱动力等；P（Personal Skill）指个人技能，将影响一个人的工作表现及其与他人的工作关系等。HR可以根据这三大要素审核求职者的简历，将与岗位要求一致的人才筛选出来，从而有效提高招聘效率。

图4-4　MAP模型

第 5 章

面试选拔：
成为新型面试官

简历筛选是HR的重要工作，这项工作完成后，HR就可以对符合条件的求职者进行面试。在面试时，HR需要深入了解求职者，并借助宣传文案展示公司的实力，要全方位介绍公司的相关情况，多强调公司的晋升空间与发展前景。

5.1 为候选人面试的技巧

HR在面试求职者时，应该掌握一定的面试技巧，争取让求职者吐露心声。此外，HR还要有随机应变的能力，以提高面试效率，更精准地找出用人部门需要的人才。

5.1.1 面试前需要做哪些准备

在正式面试前，HR需要做大量准备工作。接下来以面试基础岗位的求职者为例，详细讲述HR在面试前需要做的准备工作。

（1）全面总结招聘岗位的需求。HR应该对招聘岗位的职能进行深入了解，明确岗位的重点需求，以便在面试过程中为求职者提供参考和建议。为了达到"知己知彼"的效果，HR还应该了解招聘岗位的竞争公司有哪些，最好可以弄清楚这些公司的招聘情况。

（2）与市场上类似岗位的薪酬作横向比较。HR在进行面试前要了解市场相似岗位的薪酬情况，再根据公司的实际情况制定合理的薪酬区间，为面试时的薪酬谈判做好准备。

（3）从简历中找出感兴趣的地方，以便在面试中进行进一步了解。另外，HR在面试时还要对每位求职者进行个性化咨询，以明确求职者的基本特点。

（4）准备好求职者的个人资料，做好信息收集与分析工作。如果HR是通过猎头认识的求职者，不妨提前和猎头沟通，让猎头介绍求职者的相关信息，以便提高面试效率。

（5）为不同的求职者准备不同的问题。在面试前，HR可以根据简历对求职者进行简单的测评，在面试时根据测评结果，再结合招聘岗位的实际情况，向求职者提问。例如，对于财务专员，HR在面试时可以提一些与内心细致、做事严谨等相符的问题；如果是招聘新媒体专员，则需要了解求职者是否具有创新能力强、想象力丰富、做事有条理等优势。

（6）列出面试流程清单。一般来说，公司的面试流程大体是求职者先上交相关资格证、毕业证复印件等资料；然后求职者填写个人信息表，HR从中概括几点技术、职业规划上的疑惑之处来向求职者提问；接着是让求职者提问，HR负责解答；最后联系部门经理与求职者详谈，完成面试。HR要交代的内容很多，需要提前列出清单，以便将信息传递到位。

以上就是HR需要做的准备工作，这些工作能够帮助HR与求职者快速进入沟通状态，从而使HR能够精准定位合适的求职者，优化面试水准。

5.1.2 掌握面试的SOP

在面试时，HR需要关注面试的条理性和逻辑性，这需要借助SOP理念。

SOP的全称是Standard Operation Procedure，一般指标准作业程序，即用统一且标准的格式将某个事件的操作流程和相关要求描述出来，以便更好地指导和规范日后的工作。

践行SOP理念的关键是对工作流程进行量化处理。因此，HR要想做好面试工作，必须掌握面试流程。接下来还以面试基础岗位的求职者为例来介绍面试流程。面试流程可以分为五个模块，分别对应着不同的工作重点，也包含很多规范的量化细节。

1.求职者填写面试信息表

公司通常会将求职者填写面试信息表作为面试的第一步，但因为HR通常在面试前就已经浏览并筛选过求职者的简历，对求职者的基本信息已经有大致了解，所以他们需要控制求职者填写面试信息表的时长（最好控制在5～8分钟）。

2.人力资源部门初试

在求职者填写完面试信息表后，就正式进入人力资源部门初试的环节，HR需要根据求职者的情况填写面试评估表。此环节也需要尽快完成，这就要求HR在面试时注意面试节奏和面试过程的条理性。

3.用人部门复试

初试结束后，需要用人部门进行二轮复试，复试的重点内容是对求职者的专业技能进行考察。用人部门需要根据招聘岗位的技能要求来面试不同的求职者，同时要根据岗位性质设定面试时长。例如，技能要求高、有重要价值的岗位的面试时长应该不少于1小时；而批量招聘的基础岗位的面试时长则可以控制在20～40分钟。

4.用人部门领导复试

如果用人部门的面试者觉得求职者的技能、素质等方面都过关，那接下来就是用人部门领导的复试。用人部门领导需要对求职者的整体情况进行审核，以便找到真正符合要求的优秀人才。

5. 人力资源部门复试及敲定offer

在接到用人部门及部门领导的建议，确认求职者被录用后，HR还要对求职者进行最后一轮复试，主要是与求职者确认薪酬、入职时间等事项。等相关事项都确认完毕后，HR需要填写面试评价表，将面试信息通过文字的方式记录下来。

以上就是面试环节的几大关键点，HR掌握面试流程在很大程度上确保了人力资源管理的规范性。无论是新手HR还是老HR，都应该将日常任务的流程化作为自己的工作重点。

5.1.3　多使用STAR面试法

HR在面试求职者时，可以通过STAR原则判断求职者的能力和综合素质。STAR原则是所有HR都需要掌握的面试技巧，它由四个部分组成，分别是Situation（情景）、Task（任务）、Action（行动）、Result（结果），每个部分对应着不同的操作重点。

1. Situation（情景）：在哪里做事情

HR要了解求职者取得工作业绩的情景。通过不断提问与工作业绩有关的问题，HR可以全面了解求职者取得工作业绩的前提，从而获知其所取得的工作业绩有多少是与个人有关，多少是和市场形势、行业特点有关。

有些HR会遇到求职者说"我带领团队提前完成了目标，并获得了老板的认可和公司的奖励"。在这种说法中，STAR原则体现得并不全面，首先没有情景介绍，HR不知道公司在什么情景下制定的目标，这会影响HR对其他信息的判断。例如，求职者接手的可能是一个市场发展好的项目，缺失此信息会使HR无法对求职者的工作业绩进行准确判断。

HR在面试前需要对情景面试经验进行一定积累，为每位求职者设计2～3个相关面试题目，设计的面试题目可以是让求职者讲述这样的经历：你之前就职的某家公司内部人员有多少？你在某一年的升职是出于什么原因？进行人员管理时你负责多少位员工的日常任务？通过以上方式，HR可以了解求职者之前的工作状态，为其能力提供了真实的衡量标准。

2. Task（任务）：做了哪些事情

HR要详细了解求职者在之前任职的公司负责什么任务，每项任务的具体内容是什么样的。通过这些信息，HR可以了解求职者的工作经历，以确定他所从事的工作与获得的经验是否适合空缺的职位。举两个例子，"我时常花时间了解客户需求，所以我的客户对我都非常满意"，或者"我负责项目的总体把控"这两种说法其实都是含糊不清的。

此时HR可以用这样的问题来进行甄别和引导，例如"你说的这一点很重要，请举一个您深刻了解客户需求的例子，我想看看您是如何花时间达成让客户满意的效果的""您通常会花时间在哪些方面以便更好地了解客户需求呢"等。

3. Action（行动）：采取了什么行动

HR要继续了解求职者为了完成任务所采取的行动，即了解他是如何完成工作的，都采取了哪些行动，所采取的行动是如何帮助他完成工作的。通过这些信息，HR可以进一步了解其工作方式和思维方式，从而得知其是否适合目前的岗位，即帕森斯所说的"人职匹配"。

4. Result（结果）：取得何种结果

HR在了解了"STA"后，还要关注R（结果），即面试者在采取了行动后的结果如何，是好还是不好，好是因为什么，不好又是因为什么。对此，HR可以询问面试者以下问题。

（1）请讲一个这样的经历：当你和公司高层管理者或同事在解决某些问题上存在不同看法时，你是如何处理分歧的？处理分歧的结果是什么？

（2）请讲一个这样的经历：为了完成某项工作，你需要另一个部门提供支持，但那个部门认为配合你们部门进行这项工作并非其工作重点，你是怎样应对这个问题的？

（3）介绍一个这样的例子：你发现某位下属难以正确地做好某项工作，分析问题后，你是怎样说怎样做的？当时员工有怎样的反应？你所做的对其行为有何影响？

在面试者回答问题时，HR可以获得自己想要的信息，进而确定面试者是否符合条件。

5.2 如何考核候选人

HR要在发送offer前考核求职者，以便更精准地掌握求职者的真实能力。在考核时，HR可以从"望"（观察）、"闻"（倾听）、"问"（提问）、"切"（切入点）四个方面入手，这样有利于HR更深入地了解求职者，从而判断求职者是否适合公司。

5.2.1 "望"：观察候选人的笔迹和微表情

"望"指的是观察，即通过求职者的外部表现，判断求职者的举止修养与礼节。例如，在面试前，求职者一般需要填写面试简历表，HR可以通过表上的字迹分析求职者的优势。如果书面整洁，可以在一定程度上说明求职者比较认真、爱干净；如果字体比较大，而且结构饱满，那可能说明求职者比较自信，性格偏外向一些。

除了字迹以外，HR还要善于观察求职者的微表情，争取从中捕捉求职者的真实想法。例如，在提问求职者"是否接受经常性的出差工作"时，如果求职者回答可以，但不经意地皱了皱眉头或眼神闪躲，那他可能对出差的接受度并没有那么高。

通过观察笔迹和微表情，HR能够从侧面感知求职者大体的内在需求与状态。为了让面试结果更准确，HR还需要在"看"的过程中遵循以下原则。

（1）客观性原则：对待求职者要实事求是，不能带有主观性。HR要从求职者的实际行为、语言等带有显著外部特征的方面入手观察，不能随意想象与捏造。

（2）全面性原则：HR要把握求职者的基本素质与能力，从整体的反应中完整、立体地评价求职者，而不是过于关注某一特征。

需要注意的是，HR还应该观察求职者的胆量、心理承受能力、应变能力、风险意识等。因为除了岗位所需要的必备素质以外，如果求职者还有一些其他方面的能力，通常意味着该求职者的发展潜力巨大，等正式入职后也有一定的可栽培性。

5.2.2 "闻"：认真倾听候选人的话

在面试过程中，HR除了观察求职者的状态，还要认真听取求职者的想法，从中整理求职者的特点。例如，有些求职者比较啰唆，说了很多话，但逻辑性不强，语序也颠三倒四，导致HR不能得到太多有用的信息。

在面对这类求职者时，HR要时刻注意他们是否跑题，一旦发现跑题现象，就可以礼貌地对他们说"非常抱歉，刚才我的问题是……请你按照这个问题进行回答，回答简要一点，不用那么详细"。这样可以让他们把核心信息表达出来。

如果HR粗暴地指出求职者的问题，如"你太啰唆了""你的回答很乱，我根本没有听明白"，往往会挫伤求职者的积极性，让求职者在接下来的面试中变得十分拘谨，在回答问题时也总是小心翼翼的，进而严重影响面试效果。

现在一个常见的面试现象是：HR一直在说，等面试结束后，求职者对公司和岗位已经有了清晰的认知，但HR对求职者的了解还停留在简历信息上，最终HR不得不根据印象和感受做出录用决定。在面试时，HR必须避免这种现象，要把更多时间交给求职者，让求职者充分表现自己，HR则更适合担任提问者和倾听者的角色。

5.2.3 "问"：从细节入手进行提问

很多HR在面试求职者时，不知道如何提问，更搞不清楚提问要达到的目的。其实提问的目的很简单，就是了解求职者是否有能力和条件胜任岗位。HR可以据此推导和总结出可以向求职者提的问题，从而在更短的时间内获取更多关键信息，如表5-1所示。

表5-1 面试问题表

面试问题表
1.工作兴趣/个人爱好
（1）这一职位涉及哪些方面的内容 （2）为什么打算做这份工作 （3）你为什么能胜任这项工作 （4）你通过什么渠道找到我们公司的 （5）你对我们公司的整体印象如何 （6）除了工作范围内的事以外，你还做些什么
2.目前工作状况
（1）你已经离职了吗 （2）如果面试通过，你大概什么时间能到来上班
3.工作经历/离职原因
（1）目前/最后一份工作担任什么职务，具体工作内容是什么 （2）最后一份工作成绩或效果如何 （3）上一份工作，你从事那个行业多长时间 （4）如果不是，说明你另外还曾从事哪些不同的工作、时间多久以及各自的主要任务是什么 （5）你对上一份工作最满意的地方是什么，还有哪些不满意的地方 （6）之前从事工作的离职原因是什么
4.教育背景
（1）你认为你所受的哪些教育或者培训能胜任你申请的这份工作 （2）你认为你还有哪些有利的条件能帮助你胜任你申请的这份工作
5.个人问题
（1）简单介绍一下你的家庭情况 （2）你能接受加班吗 （3）如果周末安排你加班，你愿意吗 （4）你能接受出差吗

面试问题表
6.自我评估
（1）你认为你从事这份工作的最大优点/缺点是什么 （2）列举一个你认为你做过的最成功/最失败的事情是什么 （3）你之前与你的同事以及上下级关系怎么样 （4）你的团队协作能力怎么样，有具体的事例吗
7.期望薪资
（1）你现在的期望薪资是多少 （2）除了薪资以外，你在福利上还有哪些要求

以上问题只是为 HR 提供一个参考，具体要提什么问题，还要根据求职者的简历和岗位的实际需求来决定。另外，HR 还要注意问题要尽量客观，最好不掺杂主观论断，也不能过于随意，同时还要控制好问答时间，切勿让求职者控制整个面试过程。

5.2.4 "切"：迅速进入主题

HR 只有知道自己想从哪些方面了解求职者，才可以找准切入点，迅速进入主题，并在面试过程中有的放矢地搜集信息。比较适合作为切入点的内容主要包括以下七大类。

（1）求职动机。HR 可以明确求职者的工作态度、改变工作环境的原因、对未来的追求和真正的求职动机，判断岗位和工作条件与求职者的需求是否匹配，能否满足其工作期望。

（2）谈吐、语言、文字表达能力。通过求职者的叙述，HR 能很好地判断对方的思路、观点、理解力与表达能力。同时对方的言谈举止、礼节风度也能很好地表达其精神风貌。

（3）思维严谨、思路清晰。通过求职者的叙述，HR 能够很好地判断对方思考问题的宽度和深度，及其思路是否合乎情理，分析问题能否抓住本质。

（4）应变能力。HR 可以通过为求职者创造突发情况来测试他们的反应能力，从而准确辨别他们是否反应灵活。

（5）组织、协调能力。HR可以让求职者讲述过往工作经历，从而辨别其组织、协调能力。

（6）自信心。HR通过引导求职者表达自我优势，从求职者的神态、语言描述、用词、语气等方面了解其自信程度。

（7）职业生涯规划。HR需要了解求职者的职业生涯规划，并将其职业生涯规划与岗位价值进行对比，权衡其流失的概率，确保人才的稳定性。

最后要提醒大家，面试不能虎头蛇尾。在面试即将结束时，HR可以向求职者提问："对于公司和岗位，你还有什么想问的吗？"这个问题可以很好地捕捉求职者最关心的事或者求职者目前的疑虑。对于求职者关心的事，HR需要耐心为其解释；对于求职者的疑虑，HR应该妥善给出回答，尽可能帮助其打消疑虑，使其安心入职。

5.3 人才难得：留住优秀面试者

面试过程不仅是HR对求职者的筛选过程，也是求职者对公司的筛选过程。在遇到优秀人才时，HR必须想方设法将其留住。

5.3.1 展示公司的强大实力

优秀或者渴望发展的求职者对公司的发展前景很看重，如果HR没有向对方展示公司的实力，无法让对方看到公司的发展前景，对方可能就会对公司丧失信心。

现在有些求职者在面试时会对HR说："我选工作不太看重薪酬，因为只要我有能力，涨薪是迟早的事。我关注的是公司本身，一家有实力的公司会对我的职业发展有很大帮助。"这也是为什么有些求职者愿意拿着较低的薪酬在知名大型公司中工作。

对于一些大型公司来说，可能不用HR过分展示，之前的广告效应足以让求职者认识到公司雄厚的实力。但并不是每家公司都有这样的实力，对于那些并不是家喻户晓的公司，HR要着重进行宣传，让求职者知道公司的实际情况及发展前景。

宣传文案就是一个比较好的展示实力的方式，它是公司对外展示自己的重要方式，也是一种软文化输出。求职者在接受了公司的宣传文案后，往往会对公司产生一种信任感，更愿意了解公司的详细情况，HR也更容易说服他们留在公司。

HR在向求职者展示宣传文案时，应该配有合适的解说词，让求职者更容易理解相关内容。为了增强宣传文案的真实性，HR还可以向求职者介绍公司近期会有什么样的动作和战略变化，以便让求职者了解公司的实力以及不断发展的广阔前景。

另外，HR还应该让求职者了解公司的文化。优秀的文化虽然不能被看到，但可以确保求职者在一个和谐、公正、公平的环境中工作。而这样的文化对于求职者自身的发展来说，都是有积极意义的，求职者自然愿意留在公司。

5.3.2　为求职者介绍薪酬情况

有些求职者关注公司的实力，但也有些求职者更关心公司给出的薪酬。要想吸引这样的求职者进入公司，HR就要在面试时全方位介绍公司的薪酬情况，让求职者看到公司所能提供的优厚待遇远远高于其他公司。尤其是对于一些中小型公司来说，如果想和大型公司共争人才，就更要提供一份有诱惑力的薪酬。

HR应该向求职者展示公司对骨干员工的重视程度，并让他们知道公司愿意为这些人支付高薪，即使高出其他岗位较多也无所谓。这会让求职者看到公司对优秀人才的重视程度。当然，HR可以举一些在职员工的实际例子来加以说明，从而获取求职者的信任。

另外，不同的求职者关注的薪酬重点是不同的，有些求职者关注薪酬总额、有些求职者关注薪酬发放时间、有些求职者关注涨薪频率等。因此，在面试中，HR应该抓住求职者关心的重点。举例来说，某求职者对薪酬结算方式有要求，为了吸引他，HR可以选择日结工资的方式。尤其是对于兼职人员来说，这种方式往往更受欢迎。

总之，HR在向求职者介绍薪酬时，不能脱离其他因素对薪酬进行单独介绍，只让求职者片面地看到公司现阶段的薪酬情况。比较好的做法是结合支付方式、薪酬涨幅等方面进行讲解，以便让求职者看到公司的综合情况，使其对自己在公司的回报有一个深入了解。

5.3.3 强调公司的广阔晋升空间

很多求职者都非常在意自己在公司的发展空间，当现阶段的岗位不能完全符合他们的设想，但该岗位有很大的晋升空间时，他们可能也会考虑留下来。因此，HR在面试时，应该多向他们强调公司的晋升空间。当然，他们也会向HR询问相关问题，如"我进入这个公司会有怎样的发展前景""我能得到一个什么样的职业规划"等。

现在一些HR为了吸引更多人才，让求职者清楚地看到公司的晋升空间，会在公司内部张贴员工晋升路线图，图上通常会展示这样的内容：营销助理——营业员——营业主管——部门经理——分管副总；客服助理——客服员——客服主管——部门经理——分管副总等。

虽然说HR在面试的时候应该多向优秀人才投放橄榄枝，但也要根据实际情况来定，不能为了留住人才对他们做出一些不可能实现的承诺，否则等他们发现真相后就会感到上当受骗，这样即使暂时留住了求职者，他们也不会对公司抱有希望，辞职是早晚的事情。

第 **6** 章

员工录用：
HR的必备关键技能

很多时候，求职者即使顺利通过面试，也不是说就一定会被公司录用。因为在发送offer前，HR通常会对求职者与公司的匹配度进行分析，也会对员工进行调查。那些与公司足够匹配，调查结果也比较不错的求职者才会获得入职公司的资格。

6.1　火眼金睛：挑出合适的求职者

HR是招聘并筛选人才的人，他们的一个必备技能就是"火眼金睛"，即挑出合适的求职者，使其为公司创造更多价值。本节就来介绍HR应该如何练就"火眼金睛"。

6.1.1　根据面试结果确定求职者

根据面试结果，HR可以进一步确认求职者的基本情况与公司的发展现状和岗位的任职要求是否相符。如果求职者与公司及应聘岗位都相符，那就代表HR可以考虑录用这个求职者。通常HR在确定最终的求职者时需要分析以下几个指标。

（1）专业性。很多岗位都会对求职者的专业性有要求，HR可以通过三个方面对求职者进行考察：一是求职者所学的专业和岗位的对口程度；二是求职者在过去相似或者相同的岗位上工作时间的长短；三是求职者接受的培训和岗位的符合程度。

（2）工作背景，HR要根据岗位需要分析求职者的工作经历，尤其是判断求职者之前工作的公司是否和自己的公司背景相似。如果两者在行业等方面有相似的地方，那就可以断定求职者比较适合本岗位，可以为其发放录用通知。

（3）工作地点。很多时候一些公司会有不同的工作地点，而求职者也会有自己期望的工作地点。如果工作地点不符合他们的期待，HR即使把他们招进来，他们最后也很可能会放弃这份工作。所以，HR应该考虑求职者期待的工作地点是否和公司的地址一致。

（4）期望薪酬。对于薪酬，求职者一般会有自己的理想值和底线，如果HR不能满足他们的薪酬要求，或者公司能给出的薪酬远远低于他们对薪酬的期望，那HR就要仔细考虑他们是否适合进入公司工作了。

（5）稳定性。公司要考虑求职者的稳定性和应聘岗位是否一致，这可以从求职者以前的工作经历中看出来。如果在一段时间内，求职者出现频繁跳槽的情况，而应聘岗位又要求求职者必须能长期工作下去，HR就要慎重考虑是否录用该求职者。

上述几个指标更多的是作为判定依据而存在，HR可以根据这几个指标深入了解求职者，从而准确做出录用与否的决策。需要注意的是，针对不同类型、不同岗位的求职者，HR在进行录用决策时关注的重点也应该有所不同。

例如，在面试产品经理时，HR应该关注其在需求分析与业务建模中需要的逻辑能力、创作产品分析报告需要的撰写能力、进行竞品分析需要的类比能力，以及沟通与决策能力等；在面试程序员时，HR应该关注其专业性和技术能力、编程能力；在面试设计师时，HR应该关注其审美水平、时间观念、沟通水平以及操作画图软件的熟练度等。

6.1.2 判断求职者与公司的匹配度

正所谓"天下武功，唯快不破"。录用求职者亦是如此。HR在一个不合适的求职者身上多花一分钟，另一个真正合适的求职者可能就被其他公司录用了。为了迅速锁定合适的求职者并将其收入麾下，HR需要判断求职者与公司的匹配度。

求职者与公司的匹配度主要体现在三个方面：与岗位是否匹配、与领导是否匹配、与文化是否匹配。在进行匹配度分析时，HR首先要了解用人部门的用人标准和习惯，找到符合用人部门条件的候选人；然后再根据这些条件评估候选人与公司的匹配度。这样评估出来的候选人通常不会被用人部门"退货"，从而进一步提升用人部门对HR的满意度。

与岗位匹配是指求职者的品质、工作能力、性格、做事风格等是不是符合岗位需求；与领导是否匹配是指求职者和领导能不能和谐相处，以及求职者是不是认可领导的管理模式；与文化是否匹配是指求职者是不是认可公司的文化，其价值观与公司文化是不是一致。

通常与公司的匹配度越高的求职者，其能力在工作过程中越容易得到充分发挥，公司的效益越好，其工作积极性和稳定性越强。HR需要与求职者沟通和交流，并借此自然、顺畅地搜集信息，从对话中准确地捕捉到求职者的真实情况，从而找到匹配度最高的求职者。

除了直接沟通和交流以外，HR还可以使用线上人才测评工具。求职者只需要按照要求和提示打开网页，在线完成测评题目即可，而HR则可以通过后台得到所有测评数据。系统会对这些数据进行对比分析，然后为HR选出与公司匹配度比较高的求职者。

线上人才测评工具让HR的工作变得更高效、便捷，同时实现了人才的精准识别。目前比较常用的人才测评工具包括北森人才测评系统、测评家人才测评软件等。HR在判断求职者与公司的匹配度方面，这些工具是非常给力的"小助手"。

最后针对不同匹配度的求职者，HR应该采取不同的措施。求职者与公司的匹配度偏低，HR可以加强入职培训力度；求职者与公司的匹配度高，HR可以在其入职后对其进行重点培养，甚至可以将其纳入核心岗位接班人计划；求职者与公司的匹配度呈现适中状态，HR应该适当地对求职者进行激励，充分发挥其潜力，使其成为促进公司发展的重要驱动力。

6.1.3　对求职者进行背景调查

现在网络十分发达，HR能获得的与求职者相关的信息也越来越多，但如何对这些信息进行核实与判断，成为HR工作的难点。背景调查可以帮助HR做好这一工作。现在一些比较大型、正规的公司都会要求HR在招聘中对一部分重要岗位的求职者进行背景调查。

王婧是上海一家公司的HR，有一位求职者通过了该公司的面试，王婧和用人部门领导对该求职者的评价都很高。但由于岗位的重要性，王婧在发送录用通知前，对该求职者进行了背景调查，主要针对该求职者最近任职的两家公司。

根据简历上的信息，该求职者在第二家公司的任职期限是5年，但实际上这家公司反馈的任职期限只有1年。王婧在获得这些信息后提高了警惕，通过多方途径了解该求职者的离职原因，最终得到该求职者品行不好的回复。因此，王婧最终没有录用该求职者。

通过上述案例可以看出，背景调查能规避用人风险，减少招聘和培训的相关费用。那么HR应该如何做好背景调查呢？可以从以下几个方面入手。

（1）审核基本信息。基本信息一般包括求职者的身份信息、教育背景、工作经历、离职原因、犯罪记录等，如果是为专业岗位招聘，还需要求职者提供真实、可信的资格证书。

（2）选好侧重点。岗位不同，背景调查的侧重点也不同。一般基层员工和毕业生的背景调查重点是包括学历在内的基本信息；中高层管理岗位的调查重点是职业素养，如专业能力、管理能力、沟通技巧、过往工作经历等。另外，因为中高层管理岗位涉及公司的关键信息和核心技术，因此HR还要对敏感信息进行背景调查。

（3）找到关键人。背景调查的重点之一是核实求职者的职业经历，其任职的前公司里会有掌握关键信息的人，HR可以将关键人提供的信息作为补充和借鉴，对求职者进行判断。

需要注意的是，背景调查涉及求职者的隐私，HR在进行此工作时切勿触犯法律。

6.1.4 录用调查不过关受处罚

张明于2022年1月入职广州的一家公司，由于当时公司急于用人，HR只是在面试时问了张明一些基本问题，没有对他进行详细的背景调查，还要求他尽快办理入职手续。其实他自己并不担心任何调查，因为他认为自己提供的信息没有任何问题。

2022年8月，该公司设立了分公司，HR鲁菲菲想让张明负责分公司的市场部门，便对张明进行了一次背景调查。经过调查，鲁菲菲发现张明隐瞒了两段工作经历，总经理认为这是欺骗行为，要求不能提拔张明，还让鲁菲菲以张明"提供虚假应聘材料构成严重违纪"为由与张明解除劳动合同，而且不给张明任何补偿。

张明对公司的处理结果不认可，他觉得在面试时，鲁菲菲没有就他的工作经历提出疑问，只是让他自己叙述。于是，他向总经理解释道："那两段工作经历确实存在，但都只是为期一个月的实习工作，我觉得没什么可介绍的，而且HR也没让我把工作经历全部交代出来。"

总经理认为张明存在严重违纪的情形，但公司的规章制度并未明确说明"提供虚假工作经历"属于严重违纪行为，而且张明所在岗位的录用条件也没有明确规定工作经历以及时间年限。因此，公司最终恢复了与张明的劳动合同，而鲁菲菲则因为工作疏忽遭到了处罚。

HR如果在背景调查中发现求职者提供了虚假信息，不要直接否定求职者，而应该先向求职者索要书面证明，再进行各种特殊情况的分析与排除。常见的误判点如下。

（1）工作时间：求职者可能将实习时间并入工作时间，或者自觉排除了短期工作时间，从而造成工作起止时间有出入。例如，上述案例中的公司就是没有向求职者明确工作经历的规定，导致张明隐瞒了两段工作经历。

（2）职位名称：求职者提供的可能是市场上统一的职位名称，而其所在原公司提供的大概率是该公司的内部职位名称。为了避免出错，HR应该进一步了解职位的工作内容。

（3）薪酬待遇：求职者提供的可能是税后工资，而其所在原公司提供的也许是税前工资。HR要考虑到这个问题，不要冤枉了求职者。

排除了上述可能出现的特殊情况后，HR可以再从其他渠道对求职者进行二次调查和信息核实，避免因为主观因素对求职者产生误判。

通过观察求职者对过往经历的解构，评价求职者在事件描述过程中的逻辑性和合理性，同时就其采取措施的可行性和可信性进行综合评价。

6.2 从求职者到新员工的处理流程

在求职者通过面试，正式入职前，HR需要与其进行薪酬谈判。如果双方就薪酬问题协商一致，HR也确认要招聘该求职者后，就会为该求职者发放录取通知。等求职者正式入职后，HR需要为其打造新员工入职关怀计划，帮助其更迅速地适应新工作。

6.2.1 巧妙地与求职者商议薪酬

薪酬谈判可谓是录用求职者前的激烈一战，在谈判过程中，HR通常不会选择"打开天窗说亮话"的方式，而是在双方的利益之间寻找平衡点。另外，

HR还必须考虑求职者应聘的岗位是否为关键岗位，以及行业薪酬水平、求职者发展潜力等因素。对内还要考虑求职者提出的薪酬是否匹配对应岗位的工资范围，会不会造成严重的薪酬倒挂等。

有时谈判以失败告终，往往不是求职者没有看上公司的薪酬水平，而是HR没有管理好求职者的"胃口"。求职者期待的薪酬一定是越多越好，这就需要HR使用一些谈判技巧。

1.对求职者以往的薪酬进行摸底

HR可以直接询问求职者，你在之前公司的薪酬结构是什么样的？每类薪酬的数额大约是多少？每类薪酬分别占总工资的多少？固定工资与浮动工资之间的比例是多少？浮动工资是如何确定的？这样谈判的主动权就被HR掌握在手中。

2.对求职者的预期薪酬做出引导

当主动权掌握在HR手中，HR更容易与能力强的求职者就薪酬问题达成一致，即让要求高薪酬的求职者主动改变自己的想法。HR可以这样提问："在选择工作时，除了薪酬以外，发展前景、家庭平衡等方面，您更看重什么，可以叙述一下原因吗？"

此时HR应该从公司的优势入手，为求职者提供建议，让求职者将关注点转移到薪酬以外的其他方面。例如，强大的资质保障、培训机会与晋升机会、对求职者的扶植和关照政策、广阔的发展空间等都可以是公司的优势，也是HR说服求职者降低薪酬的有效方式。

3.善于使用心理战术

任何谈判都需要一些心理战术，关于薪酬的谈判当然也不例外。在谈判过程中，HR切勿让求职者自己开价，因为有些求职者容易"狮子大开口"，公司不能为其提供理想的薪酬，反而使场面极度尴尬，后期HR想挽回场面也比较困难。

HR可以用心态把控主场。曾经有位HR十分看好一位求职者，但对方薪酬要求过高，公司无法满足。因此，该HR向对方提出了一些比较尖锐的问题，对方无法当场给出详细回答，自信心锐减。结果过了一会，薪酬就谈拢了。

4.保持诚恳、真实态度

在谈判过程中，如果薪酬达不到求职者的要求，HR需要在第一时间如实相告，保持诚恳的态度与对方交流。如果是为高端岗位招聘，对求职者的感情投资也很有必要。例如，通过请对方喝咖啡、吃饭等非正式面谈来加强情感交流，从而增强对方对公司的信任和期待。

最后需要提醒大家的是，决策一定要快，尤其是各方面都很优秀的求职者，其工作空窗期通常很短。HR不能因为谈判流程长、考虑过于全面或过于计较薪酬而失去与其合作的机会。总之，遇到高素质人才，一定要迅速出手。

6.2.2　HR应该怎么发放offer（录取通知）

如果求职者通过了面试，也接受了公司给出的薪酬，那HR就会给该求职者发送录取通知书（图6-1）。

图6-1所示录取通知书针对的是刚刚进入社会、缺少工作经验的毕业生，如果是招聘有工作经验的员工，HR还应该在"所需携带物品、文件"一栏添加离职证明。这样可以确保求职者是离职状态，以避免后期的劳资纠纷。

有些HR将offer等同于劳动合同，这是不对的。准确地说，offer只是公司向合适的求职者发出的要约，属于一种意思表示。当然，这并不意味着offer没有法律效力。

只要求职者同意入职并符合入职条件，公司就应该以offer承诺的内容如期与求职者签署劳动合同，否则公司需要承担相应的法律责任。而求职者在收到offer后，可以向公司做出是否同意offer所载内容以及是否愿意到公司工作的意愿承诺。如果求职者接受offer，并同意在规定的时间内入职，则双方形成相应的义务。

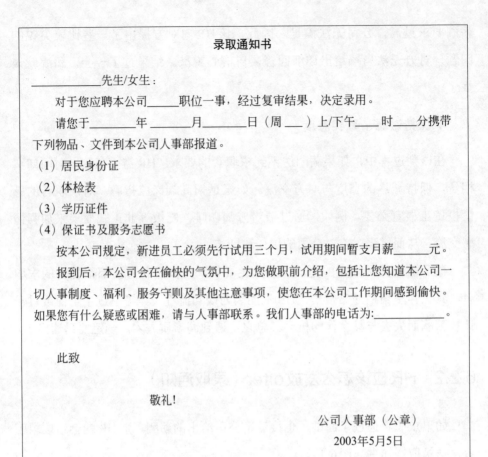

录取通知书

_____ 先生/女生：

对于您应聘本公司_____职位一事，经过复审结果，决定录用。

请您于_____年_____月_____日（周 __）上/下午___时___分携带下列物品、文件到本公司人事部报道。

（1）居民身份证

（2）体检表

（3）学历证件

（4）保证书及服务志愿书

按本公司规定，新进员工必须先行试用三个月，试用期间暂支月薪_____元。

报到后，本公司会在偷快的气氛中，为您做职前介绍，包括让您知道本公司一切人事制度、福利、服务守则及其他注意事项，使您在本公司工作期间感到偷快。如果您有什么疑惑或困难，请与人事部联系。我们人事部的电话为:_____。

此致

敬礼!

公司人事部（公章）
2003年5月5日

图6-1 录取通知书范例

通常一份offer应该包括以下内容。

（1）与求职者个人信息、关键录用条件、用人岗位相关的条款要清楚、无歧义，坚决不能出现模棱两可的情况。否则，公司会被认为存在一定的失责行为。

（2）offer应该有时间限制，即超过某个时间不入职就表示对方放弃接受这份工作。

（3）入职所需资料清单要明确、清晰，可以包括体检合格证明、毕业证等。这里需要注意的是，为了避免纠纷，也为了降低入职风险，HR最好要求求职者先体检，等确认其身体符合岗位入职条件，且没有什么太大问题后再发出offer。

（4）待遇等方面的内容可以包括现行薪酬制度、现有福利项目、补贴数额等。

（5）结尾附上人力资源部门的联系方式，方便求职者有不明白的地方及时询问。

一些大型公司的offer不仅包括上述内容，还会有附加的其他说明，例如，求职者在收到offer后应该如何回复HR、岗位所处职级、工作性质、汇报关系、培训与职业发展计划、违约条款等。当然，具体应该如何设计offer，还要根据公司的实际情况来决定。

总之，HR不能只把offer当成一张纸，而应该将其看作公司向求职者发出的建立劳动关系的邀约。HR必须用好offer，同时注意防范风险，充分保护公司的利益，尽量不要出现已经给求职者发放offer但又撤回的情况。这样会让公司的信誉大大降低，有损公司形象。

6.2.3　打造新员工入职关怀计划

求职者一旦接受offer并准时入职，就正式成为公司的新员工。但新员工因为刚刚进入公司，所以对很多事还很迷茫，如无法尽快熟悉业务，并创造业绩；对各项工作不能得心应手；无法顺利融入团队，情绪低迷等。此时部门经理、高层管理者、HR就应该采取措施。

部门经理作为新员工的直系上司，应该由易到难地为新员工安排工作，多给新员工一些改正错误和成长的机会；随时关注新员工的工作进度，传授新员工一些处理突发事件的方法；如果有条件，可以安排有经验的老员工辅助新员工工作，增强新员工的积极性；多与新员工一起吃午饭，或者开展一些聚餐活动，让新员工感受和谐的工作氛围。

高层管理者虽然不直接监督和管理新员工，但可以在工作思想和工作方式上给予新员工一定的建议和意见。高层管理者还可以根据新员工的特点和综合能力为其制定相应的目标。在完成目标的过程中，高层管理者可以为其提供必要的资源支持。

HR应该打造新员工入职关怀计划，帮助他们做好角色转变，尽快以平常心适应新岗位。打造新员工入职关怀计划的关键点如下。

第一，消除新员工的焦虑感。

HR要让新员工以饱满的情绪工作。例如，应届大学生面临从学生到员工的角色转变问题，HR可以让工作业绩突出的优秀员工帮助他们完成角色转变，消除他们的焦虑感。或者让领导多找他们谈话，让他们发表自己的看法，产生被重用的感觉。

第二，帮助新员工熟悉业务。

新员工往往有比较大的业绩压力，HR要想方设法降低他们的业绩压力。

方莉是一家销售公司的HR，经过一段时间的观察，她发现新员工在入职后第一次接触自己要销售的产品时，是他们思考离职还是留存的一个节点。他们衡量的因素主要包括以下几点。

（1）单价与提成比例。

（2）产品好不好卖。

（3）公司传授的销售方法和技巧是否有效。

（4）公司有多少资源。

为了让更多新员工留在公司，方莉通过"结对子"的方式，给每位新员工安排了一名工作职责相近、踏实认真的老员工作为伙伴，随时给予新员工协助和指点。老员工明白新员工的疑虑，可以为新员工分享工作经验，甚至现身说法告诉新员工应该如何正确对待自己的工作。这样其实比为新员工做大量培训更有说服力。而老员工作为新员工的伙伴，可以充分感受到公司对自己的认可，未来将以更饱满的精神面貌和更强的积极性为公司做贡献。经过方莉的调整，公司离职率有了明显改善，用人部门也逐渐认可了人力资源管理部门的工作。

由此可见，打造新员工入职关怀计划是很有必要的。

培训管理篇

第7章

培训体系搭建：
进一步增强组织实力

在人力资源管理中，培训是重点工作。对员工进行科学、合理的培训可以帮助其快速胜任岗位，尽早为公司做出贡献。为了更好地保证培训效果，HR 要搭建培训体系，掌握整个培训流程。这样才可以使员工的能力得到迅速提升，并进一步增强组织实力。

7.1　思考：如何搭建培训体系

如今竞争越来越激烈，各大公司的发展都面临着前所未有的机遇和挑战。HR 需要做好培训相关工作，打造一支能力很强、素质很高的团队，这样才能适应市场经济的变化。可以说，通过培训，公司能获得强大的"内驱力"，积累更多最核心的竞争资源。

7.1.1　分析培训需求，发现问题

HR如果想把培训工作做好，首要任务是了解培训需求，并根据培训需求安排培训相关事宜。培训需求通常体现在以下3个方面。

1.员工需求

员工需求主要由内在驱动力与外在压力产生，前者是指员工根据自己的职业生涯规划，对知识、技能的提升提出要求，从而产生培训需求；后者是公司对员工的绩效考核结果不满意，希望其向上发展而安排的培训。

2.公司需求

公司需求的来源比较多样，例如，为了实现目标及战略而对员工进行培训、公司因为要自我矫正而安排培训等。另外，公司来了新员工，HR也必须安排专人对其进行培训，以便其快速了解公司及岗位情况，尽早进入工作状态。

3.市场需求

市场需求决定公司的发展方向，也带动公司的人才需求。当公司缺少人才时，HR可以对在职员工进行培训，不断提升其能力。例如，市场部门需要一位市场经理，此时HR就可以从在职员工中选出综合实力最强的人，为其进行领导力、创造力、战略思维等方面的培训。

培训需求不同，培训的关键点就应该发生变化。HR只有了解培训需求，才能知道公司和员工目前面临的问题，从而更好地对症下药，让培训更具可行性。

7.1.2　设计培训主题，找到重点

当公司产生了培训需求后，下一步就是选择合适的培训主题。优秀的培训主题是培训有效开展的重要前提。在设计培训主题时，HR可以采用以下几

种方法。

1.问卷调查法

HR可以设计一组培训主题供需要培训的员工选择，如工作技能培训、谈判方式培训、人际关系处理培训、创新能力培训、思维能力培训、团队精神培训、时间管理与个人效率培训、形象与心理培训等，然后将选择结果进行统计与分析。在需要进行培训的员工众多、时间紧急的情况下，以这种方法确定培训主题是很高效的。

2.访谈法

这也是一种HR熟知的方法，即通过与培训对象面对面交流了解其想法，并根据其想法设计和调整培训主题，从而使培训内容更全面和贴合实际。在实际操作时，HR可以选择与公司的管理人员进行交谈，来了解公司对员工的期望，也可以选择与用人部门负责人交谈，从更专业、务实的角度设计培训主题。

3.绩效分析法

培训的最终目的是让员工更好地完成岗位职责，获得更好的绩效结果。HR可以先对员工之前的绩效情况进行分析，了解其在哪些方面存在不足之处，然后根据其不足之处为其安排培训主题，确保培训有更好的效果。

4.观察法

HR可以在实际工作中观察员工的工作表现，以获取关键信息。在实际操作时，HR应该观察员工对待工作的认真程度、员工与同事的相处情况、员工向同事求助的频率、完成某项工作的时间、被上司夸奖和批评的次数等。HR要尽量隐蔽，不让自己被员工发现，以免观察结果失去真实性。根据观察结果，HR可以了解员工的优势和劣势，并在此基础上为其设计培训主题，帮助其弥补短板。

5.经验分析法

有时在一家公司里，培训主题的设计有一定的规律可循，HR可以参照过往经验。例如，HR可以整理新员工刚入职时容易出现的问题，如无法融入团队、不知道如何上手工作、工作效率低、绩效结果比较差等，然后为这些问题制定相应的解决方案，并以此为基础为新入职的员工安排培训。运用经验分析法确定培训主题是非常方便、灵活的，对于HR来说也是很高效、省力的一种方法。

6.胜任力分析法

胜任力是指员工在某一岗位上应具备的综合素质，包括知识、技能、价值观等。很多HR都根据岗位需求建立了胜任力模型，将此作为优化人力资源管理各环节的重要依据。在培训管理工作中，根据员工的胜任力分析，HR可以发现员工的能力短板，进而为其设计培训主题。这是一种非常科学、有效的做法。

7.1.3 明确培训内容，加速能力提升

明确培训内容是培训工作的重点，主要建立在培训需求分析的基础上。培训内容大致分为三大类：态度类、技能类、知识类。

1.态度类

目的在于改进员工的工作态度，使员工个人价值观与公司的文化和价值观相符，培养员工的认同感，进而转化为内在驱动力，更好地完成岗位职责。例如，IBM的创始人托马斯·沃森要求员工必须尊重用户，必须尽可能给予用户最好的服务，必须追求优异的工作表现，同时HR会经常对员工进行文化培训，让这些准则始终牢记在每一个员工心中。

2.技能类

目的在于提高员工的工作技能，更好地完成工作任务，满足公司的发展

需求。此类培训内容针对性强，学时较短，需要员工对培训师的讲解演示进行理解学习，并逐渐将其运用到实际工作中。

3.知识类

目的在于提升员工的专业程度，强调员工对培训内容的记忆与理解，辅助员工更好地进行工作。例如，许多HR会对新入职的销售人员进行相关的产品知识培训，使其能够更好地开展接下来的工作。

在确定培训课程时，只有抓住了重点，贴合公司的发展需求，才能更好地将培训转化为生产力，提高员工的工作效率，促进公司发展。

7.1.4 组织实施培训，保证执行力

一场有效的培训离不开各级人员的相互配合，无论哪个环节出现问题，培训效果都会大打折扣。那么，HR应该如何组织实施培训呢？大致分为以下四个步骤。

第一步：制订计划。

古语有云"谋定而后动"，意思是要做一件事，应该先制订好周密的计划再采取行动。这就告诫HR，在组织培训活动时，要提前做好计划，包括培训时间、培训地点、培训目标、培训内容、培训讲师、培训方式、培训要求等。某公司的培训计划书如表7-1所示。

第二步：前期准备。

培训计划做好后，下一步便是前期准备工作，包括活动经费的申请、与有关部门确认时间、安排场地、选择合适的讲师、通知培训对象及时参加培训、准备培训资料等。同时，HR应该安排好后勤人员，保证培训顺利进行，消除员工的后顾之忧。

表 7-1 培训计划书示例

培训地点	培训目标	培训内容	培训讲师	培训方式	培训资料的准备
会议室	1. 为达成对公司文化、价值观、发展战略的认知和认同; 2. 了解公司规章制度及福利制度,提供的工种,帮助各位员工清楚地了解自己的法律规范意识、权益与责任; 3. 强化员工的责任意识和主人翁精神	1. 公司发展史、主要业务、组织结构、公司规章制度及福利待遇; 2. 法律法规常识;合同订立、履行、效力、责任等方面所产生的法律法规问题		由总裁办制订培训计划和方案并组织实施,采用集中授课及在实践中演示、讨论的形式对企业文化、员工手册、规章制度、福利待遇、法律法规常识等方面进行培训	1. 总裁办负责准备:培训室硬件、软件的准备和培训材料的准备、培训签到表、培训员工信息反馈表; 2. 参加培训员工:各部门做好培训记录
		培训对象			培训要求
		公司全体员工			1. 按时参加培训; 2. 不准请假; 3. 严格要求培训纪律; 4. 根据内容进行逐步讲解; 5. 培训评估与考核
	培训后期跟进				
	1. 培训讲师根据培训评估进行培训方案改进。 2. 培训讲师与人力资源主管根据员工培训考核成绩进行汇总和存档,并纳入年度考核范围。培训计划里设有职业礼仪、沟通技巧、企业主营业务知识、岗位技能等内容				

第三步：培训通知。

培训通知，即向参与培训活动的相关人员发送通知，包括讲师、员工、后勤人员、培训负责人等。图7-1是一个极具设计感又很有吸引力的培训通知，HR可以参考。另外，HR要确保相关人员都能收到通知，并与他们确定相关细节，以便及时作出调整。

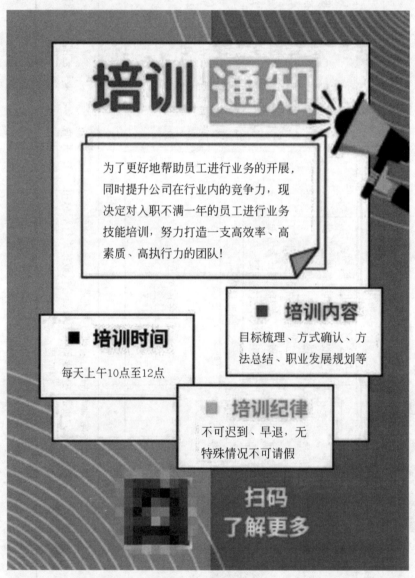

图7-1 培训通知示例

第四步：课程培训及反馈。

在培训时，HR需要时刻关注学员的学习状态与学习进度，并将相关情况实时反馈给部门领导，还要及时做好调整与优化，以提高培训效率。

7.2　新型培训体系：HR的"养人"之法

细心的人应该已经发现，越来越多的招聘信息会强调，公司将为员工提供良好的培训机会。这是因为HR明白，一支高素质的人才队伍对于提高竞争力起到关键作用。但培训并不是一件简单的事情，尤其是建立数字化时代下的新型培训体系更是不容易。这要求HR多学习，将培训与人才管理相结合，并掌握线上培训、"带教式"培训的方法和技巧。

7.2.1　培训与人才管理相结合

不同年龄段的员工，其需求、生活态度、行为方式，包括价值观都存在很大的差异。例如，80后可以被价值驱动，而90后大多数是被兴趣驱动；满足利益之后，80后可以忍受与权力核心保持距离，而90后却要求公司平等地分享权力，通过个人能力来影响决策、解决争端，难以接受很强的不确定性。

因此，HR在进行培训体系建设时要与人才管理相结合。在培训过程中，采取合理的人才管理方式能够让培训效果立竿见影、事半功倍。整体来看，培训体系与人才管理的结合存在4种方法，分别是目标管理法、轻管理法、知识赋能型管理法和技能提升型管理法。

1.目标管理法

目标管理法是美国管理学家彼得·德鲁克提出的，在他看来，公司的战略和任务必须转化为目标。公司如果没有总目标及与总目标一致的分目标来指导员工的生产和管理活动，那么公司的规模越大，员工人数越多，发生内耗和浪费的可能性就越大。

目标管理法的实施步骤有八步，具体内容如下。

（1）制定组织的整体目标和战略；

（2）在经营单位和部门之间分配主要的目标；

（3）各单位的管理者和他们的上级一起设定本部门的具体目标；

（4）部门的所有员工参与设定自己的具体目标；

（5）管理者与下级共同商定实现目标的行动计划；

（6）实施行动计划；

（7）定期检查实现目标的进展情况，并向有关单位和个人反馈；

（8）基于绩效的奖励将促进目标的实现。

2.轻管理法

轻管理法相对于传统管理方法有以下三个显著的特征。

（1）软化冲突就是先处理情绪问题，放下高高在上的姿态，不能忽略员工的要求。HR可以通过肯定的方式，让员工明确感受到公司有心接受意见，而不是置之不理。

（2）不平等的权威关系并不能被员工所接受，对于他们来说，很多工作用其他方法就可以做。即使他们缺乏经验，但只要给他们时间，他们足以成为公司的中坚力量。

（3）不以规矩，不能成方圆。公司要有科学、合理的规章制度，让员工明确知道自己能做什么事，不能做什么事。

3.知识赋能型管理法

缺乏工作经验的员工有很多不足之处，这些都需要时间和实践来弥补。对于此类员工来说，一位有丰富经验与知识的HR能够给予他们正确的工作指导，帮助他们处理好自己无法解决的事情，使他们更踏实、安心地完成工作。

4.技能提升型管理法

如果培训能够进一步提升员工的工作技能和竞争力，他们会投入更多精力与热情来学习，这样他们的成长速度也会更快。为了在培训期间进一步提升员工的技能水平，HR 需要对员工的培训行为展开等级评价。这种方法被称为行为锚定等级评价法。

锚定等级评价法的具体做法是建立一个等级评价表，根据评价表上的内容对员工的实际行为进行测评并划分相应的等级。HR 在运用行为锚定等级评价法对员工进行考核时，需要对员工所处的岗位进行分析。因为即使在同一家公司，不同的岗位也会存在学历、能力、劳动强度上的差异。这一方法能对员工起到激励作用，能调动他们的工作积极性。

7.2.2　数字化时代，培训"上云"

之前技术没有那么先进，培训软件比较少，线上培训尚不普及，所以 HR 主要为员工安排线下培训。而且刚入行、没有经验的员工更适合线下培训，他们可以与讲师面对面沟通，在现场看讲师操作示范。还有就是在讲解一些需要大型设备和工具才可以完成，以及操作步骤多、上手难度大的工作时，线下培训更适合。

近些年，随着线上教育的发展，再加上技术的进步，催生了一大批培训软件。当员工无法集中培训时，线上培训发挥了非常重要的作用。这样不仅能够减少培训工作量，也可以借助更多资源提升培训效果。

HR 如何才能做好线上培训呢？可以从以下方面入手。

1.选择合适的线上培训平台

当前的线上培训平台很多，如腾讯课堂、魔学院、平安知鸟、企学宝等。它们除了具有多端学习、课程管理、考试管理、数据分析等基本功能外，还具备游戏激励、协作学习等功能。HR 需要对线上培训平台的功能和操作便捷性进行分析，再结合培训的实际需求和员工的偏好选择最适合公司的平台。

2.制定培训课程

选择好平台后，HR 需要及时了解业务部门的需求，和业务部门经理就培训课程的设计和完善进行沟通，制定符合员工需求和特点的培训课程。例如，销售人员的培训课程要以销售技巧、销售话术、催单方法等内容为主；管理者的培训课程要以领导力提升、管理模式、沟通技巧等内容为主；商务类人员的培训课程要以招商流程、谈判方法等内容为主；客服人员的培训课程要以了解客户心理、客户情绪缓和技巧等内容为主。

3.分享培训资料

在培训正式开始前，HR可以提前给员工发放培训资料，让他们了解课程内容。这样员工可以根据自身情况划定课程的疑难点，从而更高效地学习。

4.获取有效反馈

在开展培训的过程中，HR要注意随时和员工进行沟通，获得有效反馈。HR可以通过测验来了解员工对于知识的掌握情况，明确员工在学习过程中遇到的难点。掌握了这些情况后，HR就可以有针对性地调整课程，或者制定下一个培训专题。

线上培训法能够汇聚大量信息，知识传递迅速，公司可以通过内部网络组建资料库，让员工们自行进行线上学习。此形式具有很强的灵活性，员工可以自由选择学习时间和地点，以及自主把握学习内容及进度。

线上培训的前期投入比较大，HR需要搭建优质的网络课程体系，到后期则相对轻松一些。线上培训往往对员工素质要求更高，在没有负责人监督的情况下，要求员工必须要有良好的自觉性，才能保证培训效果。

7.2.3 "带教式"培训越来越受欢迎

"带教式"培训，即选择一名或者多名带教，让其在员工面前演示培训的重点。例如，在为销售人员培训时，带教可以给客户打电话，在打电话的过程当中运用一些技巧，让员工学会把这些技巧迁移到自己的工作当中。打完电话后，带教还要对整个过程进行分析，然后总结出优缺点，以便进一步加深员工的切身体会。

HR要想做好"带教式"培训，使其发挥最大效果，需要掌握以下两个技巧。

1.明确讲解标准

标准的讲解通常分为理论、流程、案例三个部分。理论部分为培训提供了底层支撑；流程部分让员工能够掌握基本的步骤；案例部分能够结合实际提升员工的能力。在培训时，带教可以指导员工进行角色扮演，并在角色扮演过程中为员工介绍产品、讲述成功案例。通过这样的情景再现，员工可以在不知不觉中掌握带教讲解的内容。

讲解一定要有系统性，即带教应该提前想好讲解内容、讲解方式等问题。讲解结束后，带教还应该对自己的讲解进行总结和复盘，了解自己在讲解时的不足和优势，以便在之后的讲解中扬长避短。

2.让员工模仿着做一遍

带教传授的知识、技巧、经验，一定要让员工模仿着做一遍，这样才可以找出差距，使员工获得提升。在员工进行模仿时，HR必须做好监督，有针对性地找出员工与带教之间的差距，然后据此决定后续的培训安排。

7.3　培训体系要驱动员工不断进化

有了合适的培训体系，HR要分析该培训体系是否可以驱动员工不断进化。为了让员工学到真正有价值的内容，HR有必要采取多样化的培训形式。另外，HR还要根据培训情况为员工设计发展通道，帮助员工实现能力提升。

7.3.1　采取多样化的培训形式

培训形式的选择对培训效果有很大影响。随着时代的不断发展，培训形式越来越多样化，不同的培训形式有各自的优缺点。下面将对比常见的几种培训形式。

1.讲授型培训

讲授型培训是最基本也是最常用的培训形式之一，即通过语言表述，向员工进行理论知识讲授，使其对所讲内容有系统了解。该培训形式的优点是可以对大量员工进行集中培训，同时对学习进度易于控制及考察。但参加培训的员工通常处于被动接受的地位，讲师水平的高低将直接影响员工的学习效果。所选择的指导讲师一定要能注意授课的科学性、系统性，同时还必须要求其表达清晰、准确。

2.场景还原型培训

场景还原型培训是通过场景还原，让员工置身于相应的场景中，从项目、任务及客户等多个维度，对事情发展的前因后果进行分析。例如，一个处于技术开发岗位的新员工对上级派发的一堆资料毫无头绪，此时HR可以使用场景还原法，让员工进入模拟的项目活动流程中，系统地了解项目信息，进而使其工作更具针对性、目标性。

3.个别指导型培训

个别指导型培训是根据某些员工特有的问题进行针对性指导，使员工可以借鉴他人的丰富经验，避免在工作中盲目探索。此形式通常是由经验丰富的老员工指导新员工，这就会产生一个弊端，即有些老员工担心新人的成长会对自身利益造成威胁，于是在指导过程中对核心问题有所保留，使培训流于形式，不利于团队发展。这就要求HR建立科学完善的制度，让指导者与被指导者成为一体，做到责任共担、利益共享。

4.视听型培训

视听型培训是通过运用现代视听设备，如投影仪、电脑、电视等工具，对公司员工进行培训。此形式多适用于一些概念、理论性知识的讲授。在培训前，讲师需要根据所定培训主题进行视听材料准备，当材料播放时，应该根据实际情况加以适当的讲解或讨论。

5. "721" 式培训

在 "721" 式培训中，70%的培训来源于工作实践，包括能力提升任务、业余时间的工作经历、跨部门协同工作、岗位轮换等。正所谓 "纸上得来终觉浅，绝知此事要躬行"。要想深入了解某项技能或某个知识领域，并能在工作中运用，就需要在实践中收集第一手资料，并不断进行反馈评估、总结复盘、试错纠偏，从而达到在行动中成长的效果。

20%的培训来源于向他人学习，如导师、上级领导、同事等。员工可以通过实时观察和教练辅导，从他人身上学习重要知识。在掌握一项新颖、独特且失败风险不高的技能时，"影子" 工作（模仿他人的工作模式）的效果是非常好的。

10%的培训来源于培训课程，如在线学习、导师指导、自学、阅读相关书籍、参加研讨会或头脑风暴活动等。培训课程有利于员工构建知识和技能框架，增加知识储备量。前面已经讲了制定培训课程的相关内容，这里不再赘述。

目前培训形式越来越多样化，不限于上述几种。无论哪种形式，能够切实为公司带来收益的，就是真正适合公司的。因此，HR在选择培训形式时，要结合公司的实际情况。

7.3.2 HR如何为员工设计发展通道

移动互联网时代，HR为了培养并留住人才，必须提出科学的人才发展计划，设计好员工的发展通道。换言之，HR要注重员工发展，设计完善的人才培训体系。

1.建立分层、分类培训发展体系

分层是按高层、中层、一般管理人员、一线员工进行分层；分类是按不同的职位序列和不同类别的培训项目进行分类。HR要对各层、各类的培训进行系统的规划和分析，梳理出各层、各类的培训重点，同时还要加强新员工培训管理。

2.建立管理职位体系

管理职位体系大致分为3个序列，分别是高层管理序列、技术序列、业务序列。

高层管理序列培训重点规划的内容有5项，分别是确定管理战略和方向；分析未来业务环境，确立竞争地位；确立方向、目标和战略；统一观念；激励组织。

技术序列培训重点规划的内容如图7-2所示。

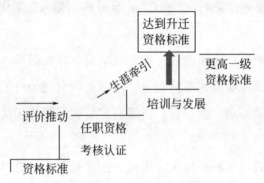

图7-2　技术序列培训重点规划

技术序列人才成长和保留的关键：打通技术职业发展通道，让技术序列人才走管理道路。技术序列培训需要技术委员会设置技术等级标准、任职资格等级，以及进行考核认证。同时还需要人力资源中心建立导师培养制度，制订培养计划以及开设职业发展通道。

业务序列培训重点规划的内容如图7-3所示。

业务序列培训重点规划包含四个层次，按照从高到低的序列依次是中层培训、主管培训、科员培训以及新员工培训。中层培训的重点是研究市场类专业特定发展课程、洞察行业动向和趋势研究以及提升目标管理、团队管理能力；主管培训的核心是打造专业特定的发展课程；科员培训的核心也是专业特定发展课程；新员工培训则是让他们更快地上手一份新工作。

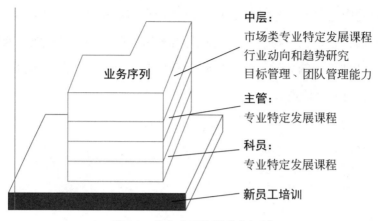

图7-3　业务序列培训重点规划

业务序列培训需要寻找对行业有专门了解、长期合作的咨询培训机构来负责。HR可以根据公司和员工的需求，选择一家咨询培训机构进行长期合作。

3.建立岗位-能力-课程对照体系

如果不知道各岗位所需的能力，就无法确定需要准备的课程。对比岗位-能力要求，可以对岗位人员进行测评，以确定哪种关键能力需要培养，再确定培训目标。对比能力-课程要求，可以明确各种能力应通过学习什么课程来提高。因此建立岗位-能力-课程对照体系势在必行。岗位-能力-课程对照体系的模型如图7-4所示。

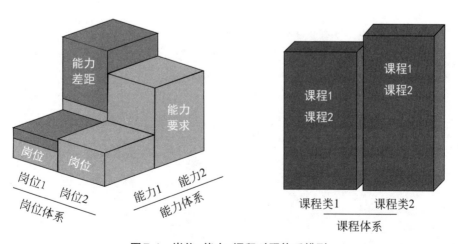

图7-4　岗位-能力-课程对照体系模型

不同的岗位有不同的能力要求，HR要根据培训对象、培训目的，从实际出发，与时俱进，充分与讲师沟通，灵活选择培训方法。这样能够消除千篇一律的集体式培训的弊端，真正做到因材培训，让人才发挥最大价值，感受到工作给自己带来的成长。

第**8**章

培训方案规划：
走"三位一体"之路

正所谓"预则立，不预则废"。HR应该制定完善的培训方案。有了培训方案，才能确保培训工作有条不紊地进行，才更容易促进培训效果的达成，从而尽快实现培训目标。

8.1 培训时间安排：培训也要有条理

对于HR来说，合理安排员工的培训时间是很有必要的。这样可以让培训更高效，HR也不需要为一些不必要的环节浪费时间，可谓既省心又省力。

8.1.1 全脱产培训

全脱产培训就是员工暂时脱离工作岗位去参加培训。这种培训需要专门安排时间来进行，对正常工作有一定影响，还会花费比较多的培训经费和资源。但这种培训体现了公司"以人才发展为本"的价值观，符合员工的工作和心理需求。

由于全脱产培训需要花费较高的成本，因此HR应该做充分的准备工作。例如，HR需要明白此项工作的必要性，了解员工需要什么样的培训，据此制订合适的培训计划，并按照培训计划开展相应工作。

8.1.2　工娱结合培训

工娱结合培训就是指工作和娱乐相结合的培训方式。这种劳逸结合的方式不仅使员工的素质得到提升，还能够提升员工的工作效率，从而增加公司的收益。

HR应该知道工娱结合的目的是什么，并不是单纯为员工提供一些娱乐性的享受，而是让那些经过长时间工作和学习的员工得到生理和心理的放松，为接下来的工作补充精力。因此，在对工作和娱乐进行安排时，HR应该注意二者之间的比例，比较好的做法是把培训工作作为主体，把娱乐工作作为辅助，从而帮助员工劳逸结合。

8.1.3　分阶段培训

现在很多公司的业务都有淡季和旺季之分，分阶段培训就是在淡季时多安排一些培训，到了旺季就把时间和精力集中在工作上。不过在实际操作中，有些HR因为旺季工作繁忙而不安排任何培训，这是非常不妥当的。

培训应该是持续性的，HR可以在旺季时少安排培训，但不能完全不安排。假设公司每年需要拿出10天的时间为员工做培训，HR就可以在淡季时安排7天培训，在旺季时安排3天培训。这样分阶段培训不会影响培训的持续性，也不会过度影响旺季的工作。

在旺季时，HR还可以鼓励员工利用业余时间自学知识，不断提升专业能力、开阔视野。这种自学式培训的时间跨度比较大，不是两三个星期就可以完成的，但好处是员工和公司都可以从中受益。所以HR应该鼓励这种行为，以便更好地提升培训效果。

8.2　讲师队伍开发：教授宝贵的经验

讲师队伍是整个培训体系的核心组成部分，他们的水平将直接影响培训效果。因此，开发高素质、有经验的讲师队伍对于HR来说非常重要。讲师队伍的开发方式有两种，即内部选拔和外部聘请，HR可以根据公司的实际情况选择合适的方式。

8.2.1　提拔内部讲师

有些公司人才济济，HR可以从现有人才中挖掘合适的内部讲师。内部培训师通常由专业技术工作者、工作绩效优异者、人力资源相关员工担任，重视人力资源发展的公司通常会组建专职的培训师队伍。

1.提拔内部讲师的优势

内部讲师对公司运营情况及员工能力了解清晰，在设计课程时容易抓住重点，使课程有较强的针对性；由于内部讲师本身是公司的员工，因此在培训活动的时间、内容、方式等设计上有较强的灵活性；内部讲师能跟随公司发展，在每次培训活动结束后及时总结培训重点，并根据培训重点对培训系统进行不断优化。

2.提拔内部讲师的缺点

内部讲师与员工相互熟悉，不利于在培训中树立威信，会影响培训氛围；在培训技巧与风格的把握上，内部讲师与经验丰富的专业讲师相比缺乏专业度；受公司发展制约，内部讲师可能对前沿知识的掌握度具有局限性，培训不易达到理想效果。

在提拔内部讲师时，HR首先要确认，内部讲师是认同公司文化的，而且学历、年龄、工作经验、工作态度、绩效结果、入职年限、个性特征、专业能力、语言表达能力等方面都要合格。一个优秀的内部讲师应该具备愿讲、敢讲、能讲的特点，要能真正为员工传道、授业、解惑。HR还要安排内部讲师做一个30分钟的试讲，由评委评分。

这里所说的评委通常包括外部专家、人力资源经理、培训组长等。评分标准主要包括台风、仪容仪表、逻辑思维能力、课程实用性、PPT美观度等方面。

8.2.2　花钱聘请外部讲师

当公司内部没有合适的讲师，或公司发展项目需要引进更专业的知识理论及前沿技术时，HR需要从外部聘请专业讲师。接下来将对从外部聘请专业讲师的优缺点进行简单分析。

1.聘请外部讲师的优势

可供选择的范围扩大，可以聘请到高质量的讲师，为公司带来全新的发展理念；外部讲师对相关信息的掌握更全面，可以从不同角度揭示公司存在的一些问题，促进公司健康发展；外部讲师有专业的培训技巧，培训经验丰富，容易带动员工的积极性。

2.聘请外部讲师的缺点

有些外部讲师对公司的实际运营情况及员工信息缺乏了解，导致培训的实用性降低；外部讲师理论知识储备丰富，容易出现纸上谈兵的现象，导致培训无法达到预期效果；外部讲师的费用比较高，对于一些资金不足的中小型公司而言压力较大。

HR需要通过合适的渠道来选择外部讲师，例如，与专业的培训机构合作、请高校老师到公司做培训、寻求业内知名专家的帮助等。在筛选讲师时可以参考以下评估标准。

（1）擅长领域与公司的培训计划相符。

（2）经验丰富，在业界有良好口碑。

（3）来自规模较大的培训机构或综合实力较强的高校。

（4）培训费用和公司的经济情况相匹配。

（5）为大型公司做过培训。

HR也可以未雨绸缪，平时多参加行业聚会，积累优秀的外部讲师资源。当公司有培训需求时，HR也不至于"临时抱佛脚"。另外，一旦找到了合适的外部讲师，HR一定要与其签订培训合作协议，防止后期出现纠纷。

8.3 课程内容设计：积累培训资源

课程内容设计主要建立在培训需求分析的基础上，针对不同的岗位与层级，HR应该设计不同的课程内容。目前比较常见的课程内容有三类：入门性课程、适应性课程、提高性课程。对于刚进入公司的员工，应该以入门性课程、适应性课程为主，随着员工的不断发展，为了促进其能力的充分发挥，需要加入提高性课程。

8.3.1 入门性课程

新员工在进入公司的时候，需要对他们进行专门的入门性培训，借此帮助新员工了解公司的目标和宗旨，并对公司产生信任感和归属感。一个刚融入社会的新员工，对于陌生的公司、陌生的同事以及陌生的工作职责都难以很快接受，只有尽快熟悉这些内容才能胜任岗位。

一般新员工的入门性培训需要做到以下四个步骤。

第一步是让新员工融入团队，通过一些入职指引程序，让新员工熟悉生活和工作的环境，还有公司的文化和历史。

第二步是指导员工开展工作，通过上岗前所需的入职培训，让新员工掌握工作职责。HR可以设计一些实习工作，让新员工尝试做一些简单的岗位工作。

第三步是要求员工能够独立完成工作，通过现场设计程序，保证新员工能够进行独立操作，最终在岗位上掌握应有的能力。

第四步是安排新员工对他人的工作进行指导，使新员工在指导他人的过程中进一步改善自己的工作。这样新员工可以更进一步地参与到公司的各类工作中。

新员工的入门性培训，总的来说，就是介绍公司的基本情况和规章制度、工作条件、工作前景等。主要目的是帮助新员工了解公司的目标和宗旨，学会适应公司的要求，实现顺利上岗。

8.3.2 适应性课程

对员工进行适应性培训能够有效降低员工流失率，帮助员工快速提高绩效，建立人脉关系。HR可以帮助员工尽快了解公司的工作方式、奖惩条例等。另外，HR还要向员工提及公司的福利，建立员工对公司的信任和好感，从而使员工更有动力工作。

对于一些有技术要求的岗位，员工需要进行技能培训。这一部分培训主要由用人部门来主导，既要有实际操作能力的培训，还要有理论知识的培训。为了尽快让员工熟悉自己工作的环境，HR还应该尽快把新员工介绍给用人部门领导，并由用人部门领导带领新员工和本部门的员工以及其他需要接触的员工进行沟通和交流。

员工能否真正领会和掌握适应性培训的内容，需要HR进行跟踪调查，跟踪调查的时间一般是新员工工作第一天和工作一个星期后。HR最好能够定期做员工适应性访谈工作，跟踪员工的心理变化，及时了解员工的适应情况，同时根据访谈情况及时改进自己的工作，以便为员工提供切实可行的帮助。

8.3.3 提高性课程

提高性培训是在入门性培训和适应性培训的基础上，对员工进行能力、业务等方面的提高训练，目的是使员工能够熟练掌握岗位应具备的知识和能力，进而提高工作效率。这种培训需要进一步精细化，因为不同岗位应该掌握的专业知识技能和工作信息是不同的。

此外，HR还需要带领新员工走进工作场地，使新员工深入理解工作流程，通过观察和操作去发现工作流程上的疑点。有些工作因为比较特殊，新员工无法尝试性操作，只能通过观察、提问和理解总结的方式来对工作内容进行加深理解。当然，还需要考虑新员工有没有实际工作经验，如果员工有了一定经验，就可以把新员工安排到某些工作岗位。

对于一些比较专业的岗位，员工需要有导师进行标准化指导，尤其是对于一些操作性的岗位，必须通过在岗培训式的现场指导，保证员工能够独立完成工作，导师可以对员工的工作进行"手把手"的指导。

导师可以先做示范工作，并对关键技能及工作步骤进行解释。在整个示范过程中，导师需要把内容清楚、完整地讲述给新员工，然后指导新员工独立操作。导师要对员工的操作进行纠正，帮助员工尽快熟练掌握操作要领。

第 9 章

培训效果评估：
检验员工的学习情况

为了准确检验员工的学习情况，HR 需要做好培训效果评估。此外，HR 还应该将评估结果应用到人才发展规划上，以便挖掘出更多高素质人才。

9.1 四层模型：培训效果评估工具

如今，使用最广泛的培训效果评估工具是柯克帕特里克提出的四层模型，该模型将培训效果评估分为四层：反应层、学习层、行为层、结果层。

9.1.1 反应层：关注员工的反应

反应层是指员工在培训课堂上的反应，主要包括内容和形式两个方面：内容是否符合培训目的，形式是否让员工对培训产生兴趣。

在对反应层进行评估时，通常会采取调查问卷的形式，调查内容主要分为培训安排评价、讲师评价、自我评价三个方面，具体的问题设计可以是：员工对讲师培训技巧的反应、对教材选择的反应、对课程的反应等。以员工对课程的反应为例，如果其反应是比较消极的，HR就应该分析课程的开发和设计是否存在问题或者是课程实施方案是否存在问题。

反应层评估通常没有涉及培训效果，因此员工能否把学到的知识运用到实际工作中还不能确定。但即使是这样，这个阶段的评估仍是必要的，毕竟了解员工的兴趣，通过让员工受到激励而引起员工对培训的重视是非常关键的。同时，在评估过程中，员工可以总结自己从培训中学到的内容。这也是对培训过程的一次很好的回顾。

反应层评估的对象是员工，这个反应也是指员工的反应。在设计需要评估的问题时，应该以员工为中心，毕竟HR要以员工的反应为基础对培训效果做出评估。在评估完反应层后，HR就可以根据评估效果对培训事宜做出调整和修正。

9.1.2　学习层：是否学习了新知识

学习层评估是对员工在培训前和培训后的知识技能测试结果进行比较，以了解他们是否掌握了新学的知识，同时也可以了解培训目标是否已经达成。这个阶段的评估结果能够直接体现讲师的培训工作是否有效，但对于参加培训的员工能否将学到的知识运用到工作中，仍然是一件无法确定的事情。

对学习层进行评估的方法有笔试、技能操练、绩效考核、工作模拟等，HR可以通过评估结果了解员工在知识、技能等方面还有多大的提高空间。在这些评估方法中，笔试是了解员工对知识的掌握程度的最直接方法。如果员工从事的是专业性比较强的工作，HR可以使用技能操练、绩效考核、工作模拟等方法来测试他们的工作水平。

需要注意的是，对学习层进行评估还需要掌握以下操作重点。

（1）在反应层评估的基础上增加学习内容测试，要求员工运用学到的知识对测试题进行解答。测试题通常分为两类，即基础知识点和情景模拟问答。

（2）HR在进行学习层评估时可以安排专业人士到现场查看员工的操作过程，根据操作过程为员工打分。而HR的关键点是了解员工对知识和技能的掌握情况。

（3）当员工学习了一些专业性比较强的课程后，HR需要按照学习内容提出自己的想法，如具体的培训改善方案等，然后把新方案交给上级来监督执行。

学习层评估很重要，因为它直接和员工对知识与技能的掌握程度相关，同时也是HR衡量培训工作是否有效的一个很关键的因素。因此，HR必须对学习层评估予以重视。

9.1.3　行为层：是否将技巧应用到工作中

行为层评估是为了确定参加培训的员工在行为上有多大程度的改进，可以让HR更清楚地了解员工在工作中是否使用了学习到的知识或者技能、态度。行为层评估需要等待一段时间，因为行为发生变化是需要时间的，把员工学习到的内容转化成固定的习惯更需要时间。

现在很多HR都不注重培训后期的行为层评估，只把评估停留在初级的反应层阶段。通常行为层评估的基本步骤是，在培训结束后，由员工自己制订一份比较有效的实践计划，列出现在的工作情况以及需要改进的地方，然后HR再设计一份跟踪调查问卷，并在员工结束培训后的3～4个月内对员工的行为进行调查。

HR确认员工的实践计划没有问题，接下来就是对计划进行备份，并在约定的时间内促成讲师与员工的进一步交流，然后讲师和员工的上级需要对员工进行评估，但必须注意，上级的评估可能存在一定的偏差，HR还需要邀请同事对员工进行评估。

9.1.4　结果层：从经济与精神上入手

结果层评估不单单是评估员工的工作结果，还应重点了解培训带给公司的价值，这个价值可能是经济上的，如产品的质量得到了改变、生产效率得到了提高、客户的投诉减少等；也可能是精神上的，如员工的工作态度更好、积极性越来越强等。

在实际操作中，HR可以借助关键数据，如产品合格率、产品生产周期、客户投诉数量等对结果层进行评估。但因为此阶段的评估需要上升到组织高度，所以整个过程需要的时间比较多，难度也很大，这就对公司的综合实力和HR的工作能力提出了更高的要求。

对结果层进行评估，除了可以借助上面提到的关键数据以外，还可以采取培训回报分析法。在使用这个方法前，HR要先确定培训的成本和收益。成本主要包括讲师薪酬、交通费、材料费、场地费等；收益表示经过培训的员工可以帮助公司提升多少收益。如果成本高于收益，就说明培训效果并不好，要是收益高于成本，则说明培训为公司带来了价值。

9.2 基于培训效果厘清"人才账"

HR在了解了培训效果后，就要梳理公司内部的"人才账"，了解人才现状，为人才盘点、制订核心岗位接班人计划、打造后备人才管理体系等工作做准备。

9.2.1 完善的人才盘点战略

根据培训效果评估结果，HR可以知道哪些员工通过培训学到了更多知识和技能，并在人才盘点时将重点放在这些员工身上。要进行人才盘点，首先应该有完善的人才盘点战略。制定人才盘点战略的方法和步骤如下。

1.进行组织盘点

组织盘点即根据公司的发展战略和市场的竞争情况，分析和思考以下问题。第一是基于公司的发展战略，分析当前组织架构情况，如岗位设计和职责划分是否合理、组织架构是否需要调整以及应该如何调整；第二是从效率最大化方面来分析，如当前的组织架构是否会影响员工的工作效率；第三是分析组织架构是否存在业务或者职责方面的遗漏；第四是分析管理幅度是否合理；第五是分析各部门的业绩和整体工作氛围。

2.开展人才盘点

人才盘点需要经过三个阶段，分别是建立素质模型、人才素质盘点评估、建立长效机制。

在第一阶段，HR要做好两件事情，一是做好人员分类；二是做好员工素质访谈与素质分析。人员分类即确定各类人员的角色定位；员工素质访谈要确定各类人员的胜任力素质模型，同时还要明确建模方法以及工作计划；素质分析需要科学的方法，如战略分析和人力资源解码、绩优管理人员关键事件访谈、专家小组座谈和访谈信息解码等。

第二阶段的主要内容是进行素质盘点评估，评估要点有三项，分别是确定各类人才的评估项目、制定评估项目的测评方法及题库、选举关键人才（公司要重点培养、工作能力强、绩效结果优秀的员工）并对其进行评估。

第三阶段的主要任务是形成长效机制。HR要建立人才素质盘点评估方案和关联机制，将评估结果与职业发展、培训管理以及绩效管理结合起来。

3.召开人才盘点会议

人才盘点会议是人才盘点的一个关键部分，HR需要向管理者提出召开会议的申请并准备好汇报内容。人才盘点会议的参会人员一般包括管理者、各部门负责人和HR。

在会议上，HR需要汇报以下内容。

（1）此次人才盘点计划的完成情况。

（2）目前组织架构的具体情况，包括人员编制是否合理，是否存在空缺岗位，组织的运行效率如何，管理幅度是否合理等。

（3）人才盘点结果，包括人才的绩效、潜力、排名情况及每个人的发展计划。

（4）继任人才（在老员工离职后可以继任岗位的员工）岗位继任计划。

（5）高潜人才（有极大发展潜力的员工）培养计划。

（6）未来人才（有前瞻性、可以作为后期重点培养对象的员工）关键岗位需求。

（7）组织架构与人员调整计划。

根据以上汇报内容，HR需要和管理者、各部门负责人共同探讨并确定后续的行动计划。

4.推动行动计划的实行并监督效果

行动计划的主要内容包括根据人才盘点结果和培训效果，明确谁应得到晋升和发展、轮岗计划如何安排、培训计划如何展开等问题，以及对关键环节进行跟进，保证计划落到实处。

9.2.2 核心岗位接班人计划

HR可以将在培训、绩效考核、日常工作等方面表现突出的员工暂时列为核心岗位接班人，对其进行更细致、深入的高级培训。但很多HR没有关注到这一点，导致当核心岗位员工离职后出现青黄不接的情况，从而影响公司的正常运行。

某互联网公司的一位技术主管向HR刘康表示，因为个人原因准备离职。刘康顿时慌了手脚，这位主管管理着研发团队，该团队正在进行新产品研发工作。在这个关键时刻，主管离职了，团队还怎么运行？于是，刘康马上进行招聘，结果过了一个月也没有找到合适的人选。无奈之下，刘康只得提拔了一名平时工作认真的员工做该团队的主管。

而这位新上任的主管其实没有接受过技能培训，其他类培训的效果也没有那么好，而且缺乏管理经验，难以合理安排团队的各项工作，最终导致研发项目失败。

在上述案例中，研发项目失败的原因看似是由原主管离职引起的，本质上却是因为刘康没有为核心岗位员工的变动风险做好预案，没有提前根据培训效果评估结果找到核心岗位接班人，导致团队无人可用。这体现了HR工作的失职。

HR需要根据培训效果、评估结果制订核心岗位接班人计划，确定核心岗位的潜在接班人，并对其进行有针对性的培养和管理。具体应该怎么做？

首先，HR需要确定核心岗位。公司里的每个核心岗位，如核心技术岗位、核心管理岗位等都必须有相应的"接班人计划"。

其次，HR需要建立候选人才池，确定潜在核心岗位接班人。HR可以根据培训效果评估结果确定公司内部的潜在人才。每个核心岗位可确定1～3个候选人。

再次，HR要对候选人进行培养。HR可通过集中理论讲授、轮岗实训的方式对候选人进行培养。即先为候选人设计理论学习的课程，组织候选人集中学习，再安排候选人进行轮岗训练，考察候选人的实战能力，做到优中选优。

最后，接班人上任后通常会对新的工作岗位有一段时间的适应期，HR需要协助接班人做好工作交接，并及时为接班人提供必要帮助，使其尽快适应工作岗位。

9.2.3　打造后备人才管理体系

HR需要根据培训效果评估和人才盘点的情况打造后备人才管理体系，以便在岗人员出现变动时，能及时补充储备人才，从而进一步优化公司的人力资源架构，激励员工不断进步。那么，HR应该如何设计后备人才管理体系呢？需要综合考虑以下几个方面。

（1）在建立后备人才管理体系时，HR要明确公司的发展战略和人才发展思路，在此基础上对后备人才进行选拔和培养。

（2）良好的文化氛围能够促进后备人才管理体系正常运行。公司应形成公平公正、积极向上的文化环境，鼓励优秀员工进入后备人才库并接受公司的培养。

（3）公司规模决定了后备人才管理体系的具体层级设置、岗位职责分配、人才数量等情况。通常公司规模越大，后备人才管理体系涉及的层级和岗位越多，人才数量也更多。

（4）HR要设计好与后备人才管理体系相关的配套体系，如完善的人力资源管理体系、完善的员工职业生涯规划和晋升体系等。

以上几个方面影响着后备人才管理体系的实施效果，HR应该对其进行综合考虑和统筹安排。此外，HR还需要掌握设计后备人才管理体系的四个关键点。

第一，管理政策。管理政策是后备人才管理体系的核心，可以帮助HR明确哪些岗位需要准备后备人才以及人才储备数量，并在这些人才的发展路径规划方面为HR提供指导意见。

第二，培养计划。培养计划指的是对后备人才进行有针对性的培养，避免人才储备形式化。HR可以通过职位轮换给予后备人才更多实践机会，使其充分了解公司各岗位。

第三，任职能力评价。任职能力评价即对后备人才的任职能力进行评价。HR可以通过一系列对比分析，评估后备人才能够胜任什么岗位，并据此对其进行任用。

第四，薪酬扶持政策。为了留住后备人才，HR要建立针对后备人才的薪酬扶持政策。HR要考虑哪些岗位的薪酬可以调高，以及后备人才在横向调动时是否需要调整薪酬等问题。

人才是公司的重要保障，后备人才管理体系的建设及后备人才的成长直接关系着公司的发展。要想使公司的长期用人需求得到满足，完善的后备人才管理体系必不可少。

绩效管理篇

第 10 章

精准绩效考核：
为员工进步增添动力

绩效考核是对照工作目标和绩效标准，采用科学的方法，对员工的工作成果、岗位职责履行程度、未来发展情况等进行评估的过程。在这个过程中，绩效考核经常偏离原定目标，导致完全没有效果。因此，为了让绩效考核发挥作用，HR有必要掌握一些相关知识。

10.1 自检："你"真的了解绩效考核吗

绩效考核在整个人力资源管理过程中一直处于非常重要的地位，但很多HR都应该扪心自问："我"真的了解绩效考核吗？HR不了解绩效考核，就无法规避绩效考核的误区，无法让绩效考核发挥作用，员工的能力和素质也就难以得到提升。

10.1.1 绩效考核不是万能的

如今，越来越多的公司开始注重绩效考核工作，但有些HR对绩效考核的认知不够全面、严谨，导致自己陷入了认知误区。例如，有些HR觉得绩效考核是万能的，只要建立好绩效考核体系，就可以提升人力资源管理水平，充分激发员工潜能，促进公司业务提升。

还有些HR认为，只要做好绩效考核，公司发展面对的一切问题就都能够解决。这些HR可能会把绩效考核方案设计得过于复杂，甚至会将很多不属于绩效范围的内容也统统列入绩效考核中。有时他们还会把整个绩效管理体系都设计为绩效考核内容，对每一个岗位、每一个员工的每一步行动都进行考核。在他们心里，似乎只要进行绩效考核，一切问题就能迎刃而解。

其实绩效考核只是人力资源管理的手段之一，并不能解决所有问题。知名公司索尼曾经是最成功的公司之一，旗下品牌无数，是便携式数码产品的开创者，一度引领市场潮流。在1995年前后，索尼开始实施绩效考核，并成立了专门机构对各种工作要素进行量化评估。

索尼的HR制定了非常严格的绩效考核标准，并规定绩效与薪酬挂钩。于是，员工把更多的时间和精力放在了应对绩效考核上，公司内部形成了只追求眼前利益的不良风气。久而久之，很多员工失去了工作激情及团队精神，这极大地阻碍了索尼的发展。

显然，索尼的绩效考核缺乏科学性，误把绩效考核当作人力资源管理的"万能药"。虽然不能说不合理的绩效考核直接导致索尼发展受限，但其仍然是影响索尼进步的一个重要因素。索尼在绩效考核方面过于强调指标量化，意图把所有问题都通过绩效考核来解决。这种错误的管理方式抑制了员工的创造力和想象力，影响了公司文化的传承。

10.1.2 绩效考核≠绩效管理

绩效管理是公司为促进战略发展，持续提升员工、部门绩效，而构建的一个完整的管理体系，具体包括绩效计划、绩效考核、绩效辅导、绩效反馈四个部分（图10-1），旨在通过这四个部分的有机循环激励员工不断成长。

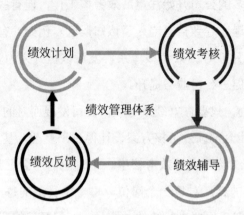

图10-1　绩效管理体系的有机循环

绩效计划的关键点是制定绩效目标，而制定绩效目标的关键点有两个。一是今年的绩效目标最好不要低于去年的实际完成目标。例如，去年的产品市场占有率为5%，那今年的产品市场占有率目标必须高于5%。二是今年的绩效目标不能低于公司所处细分市场的发展速度。例如，公司预计今年细分市场的整体销量增长会达到15%，那今年的销量增长目标就不能低于15%。当然，在制定财务目标、客户目标、组织目标时也可以遵循这样的原则。

绩效计划制订后就应该进行绩效考核，也就是按照相应的绩效指标去衡量员工的工作成果，分析员工是否达成了指标；绩效辅导就是帮助员工提升绩效，增强其自信心；而绩效反馈则是将绩效结果告知员工，并指导员工进行绩效改进。

这四个部分形成了一个闭环，缺少哪一个部分，绩效管理都是不完整的。例如，缺少了第一个部分即绩效计划，直接实施绩效考核，那HR在为员工打分时就会缺少依据，只能根据自己的主观意愿进行打分。这样得出的绩效结果必然有失偏颇。

每个HR都应该清楚，绩效管理是以公司发展为导向的管理体系，而绩效考核是其中一个必不可少的环节。如果HR只是简单地实施绩效考核，仅盯着眼前利益，往往是舍本逐末的做法，并不能起到长期激励作用。

正确的做法应是有机结合绩效管理体系中的每个环节，让员工充分意识到，无论是绩效管理，还是绩效考核，都会有效促进个人成长。绩效考核可以充当管理者与员工之间的有效沟通媒介。通过绩效考核，管理者可以深入了解员工的优势与不足，然后利用绩效管理体系给予员工相应的支持，从而在提高员工素质的同时加强其团队精神，推动公司发展。

10.2　绩效指标分类与制定

绩效考核的最终目标是提升员工的个人能力，充分发挥人力资源管理对公司发展的推动作用。为了在实施绩效考核时更好地完成这个目标，HR要分类制定绩效指标，并及时跟踪绩效指标的完成情况，以便对员工进行精准的绩效评价。

10.2.1　绩效指标分类：公司级＋部门级＋员工级

几乎所有绩效指标都可以分为公司级指标、部门级指标、员工级指标三大类。HR首先需要制定公司级指标，然后将其分解为部门级指标和员工级指标。

1.制定公司级指标

假如一家公司的公司级指标有两个，一个是销售额达到10亿元，另一个是市场份额维持在30%。有些HR可能认为只考核销售额或只考核市场份额就可以，但其实如果想要确保指标圆满完成或者超额完成，建议对这两个方面都进行考核。

如果HR只考虑销售额达到指标，那就可能出现这样一种情况：到年底结算时，销售额指标完成了，甚至还超出1亿元，达到了11亿元，即超额完成10%。但如果完成指标的主要原因是行业发展迅速，整个行业的平均销售额增长率达到20%，那从市场占有率的角度来看，公司的实际占有率是下降的，对相关员工进行奖励就不太合理。

再假设HR只考核市场份额。一开始公司设定的指标是市场份额维持在30%，即使当年的市场占有率有所增加，但由于某些原因，如行业不景气，当年的业绩与上一年相比有所下降，甚至出现了亏损，那总体而言公司的业绩依然是不合格的。

综上所述，这两个指标都应该被考虑到。

2.分解出部门级指标

假设与公司级指标相关的部门有两个：销售部门、人力资源部门。销售部门负责销售任务的完成，所以销售额10亿元、市场占有率30%的指标就应该由销售部门来完成；而如果要想保持公司的长期优势，还可以考虑给销售部门增加一个销售满意度达到90%的指标。

作为职能部门的人力资源部门有哪些需要完成的指标呢？其关键在于保证销售人员的充足供应，即销售人员在职率达到95%以上、精英员工流失率降低3%等。这些指标主要用来保障"销售额10亿元""市场份额维持30%"等指标可以顺利实现。

3.分解出员工级指标

"销售人员在职率达到95%以上"这个指标与负责招聘的HR相关，所以该指标可以直接分配到负责招聘的HR手上；"精英员工流失率降低3%"既与招聘有关系，又和领导层有关系，甚至与培训也有一定的牵扯，所以这个指标可以落实到各项业务的负责人身上。

如此一来，通过"公司级指标→部门级指标→员工级指标"模式，HR就可以将公司的大目标落实到每个员工身上，使每个员工都清楚自己应该完成的目标。而HR只需要和管理者一起考核与员工职责相关的指标就可以。

10.2.2 各类绩效指标多少个合适

网上曾经有这样一条新闻：某家银行的柜员的绩效指标一共是36项。这简直太离谱了。其实绩效考核的目的是让员工完成工作目标，如果指标有36项之多，员工怎么可能记得住呢？如果连指标都记不住，员工又怎么去实现它呢？这样做绩效考核，效果肯定不会很好。那么，设置多少个指标才合适呢？不同类型的指标是不一样的。

先说公司级指标，公司级指标有12～25个，这是卡普兰先生在平衡计分卡里面提到的。有人可能会问，25个是不是有些多了？其实并不多，毕竟这是公司级指标，该指标对应的部门和员工也很多。但如果是员工级指标，这么多就不合适了。

员工级指标一般多少个比较合适？在人力资源管理领域，更多人的建议是5～8个，这个数量是比较靠谱的。无论是月度考核也好，季度考核也好，5～8个指标基本上能涵盖与员工工作相关的那些最重要的指标，而且员工也能记得住。

除了公司级指标、员工级指标以外，还有部门级指标。部门的主要职责是上传下达，即把公司级指标分解成为部门级指标，再把部门级指标分解到员工层面。从指标数量上看，部门级指标介于另二者之间，8～15个比较合适。

10.2.3 跟踪绩效指标完成情况

当公司已经制定出一套完整的绩效指标体系，各项工作也逐渐步入正轨后，HR还需要跟踪指标的完成情况并定期进行评估。在这个过程中，HR应该对潜在或已经出现的问题进行总结，寻找解决问题的途径。如果问题无法得到解决，则需要调整和优化指标。

召开会议是及时掌握指标完成情况的重要途径。刘敏是一家外卖平台的人力资源总监，按照公司规定，她每周都要召开例会。她虽然了解召开例会对工作十分有利，但不知道为什么例会的作用和效果一直不尽如人意。她召开例会的步骤主要有以下3个。

第一步，将各部门的指标及业绩陈述一遍。

第二步，根据指标完成情况布置本周的任务。

第三步，让表现突出的员工分享经验。

在例会的最后，刘敏虽然会问员工有没有什么问题，但从来都没有员工提问，也没有员工反映问题，例会就草草收场。其实刘敏并没有明确例会与指标的关系，也并不知道在例会上应该做些什么。例会是公司中最常见的会议，她可以借助例会的召开总结上周的工作，同时对下周的工作进行安排。更重要的是，例会可以帮助她了解指标完成情况和员工在工作中遇到的问题，也可以让她对各类指标进行细致分析与了解。

总的来说，例会应有以下3个作用。

（1）做指标评估。通过召开例会，HR能够根据员工的工作数据确定员工的工作进度，从而分析出员工能不能按时完成指标以及何时能够完成指标。

（2）提前识别潜在风险。在例会中，HR通过对员工工作的分析和与员工的沟通，能够及时发现员工在工作中存在的问题，从而提前识别出指标实施过程中的潜在风险。

（3）有计划地把指标渗透到公司管理体系中，以保证员工对指标的持续关注。在例会中，HR反复明确指标，能够让员工对指标有更深刻的认识，同时HR对员工工作进行分析也能为员工指引正确的工作方向，使员工能够始终聚焦于自己的指标，并努力工作。

10.3 绩效考核可以使用哪些方法

在实施绩效考核时，有3种非常经典实用方法，分别是OKR法、KPI法、平衡计分卡。针对不同的岗位和员工，HR应该使用不同的方法。

10.3.1 OKR法

由于不重视创新、过于关注关键指标、忽略整体利益等弊端逐渐显现，传统绩效管理模式渐渐无法满足公司发展的需求。员工的潜力远未被充分挖掘出来，公司也很难走上更高的台阶。在这种情况下，OKR法应运而生，其中的"O"（Objective）代表关键目标，"KR"（Key Results）代表员工需要为实现关键目标做什么，取得什么样的关键成果。

英特尔前总裁安迪·格鲁夫对成功实施OKR起到了重要作用，他总结出以下几个重点。

（1）聚焦于几个少数最重要的目标。格鲁夫提出了"管理杠杆率"这一概念，即在投入相同的前提下，拥有更高产出的管理活动会得到更高的杠杆率。公司必须把目光聚焦在有最高杠杆率的活动上，HR在设定目标时也应该如此。

（2）目标的设定过程是自上而下和自下而上两种方式的结合。格鲁夫重视培养员工的自我管理能力，他认为鼓励员工参与工作比强制性地为员工分派工作更能激发员工的积极性。因此，除了自上而下地设定目标以外，HR也要通过自下而上的方式让员工参与设定目标。

（3）目标设定的周期与频率。格鲁夫认为多次设定目标有利于公司迅速响应外部变化。因此，如果公司条件允许，目标设定的周期要尽量短，可以以月度或季度为周期。

（4）设定有挑战的目标。格鲁夫认为设定有难度的目标可以激发员工的斗志，让员工有更持久的动力和积极性。

格鲁夫推动了OKR初级形态的产生，至于OKR的成型过程，则要提到谷歌的约翰·杜尔。杜尔在英特尔工作时，受到格鲁夫的启发，将格鲁夫的管理理念推荐给了谷歌的两位创始人拉里·佩奇和谢尔盖·布林，并得到了两位创始人的支持。

谷歌将OKR划分为4个层次，如图10-2所示。

图10-2　谷歌的OKR模型

（1）公司层OKR表现的是公司的核心与发展预期。

（2）部门层OKR阐述的是公司对每个项目的预期。

（3）团队层OKR表现的是团队的工作目标和预期。

（4）个人层OKR描述的是员工个人的工作目标和预期达到的关键成果。

这4个层次的OKR是逐渐细化的，都为谷歌的发展战略服务，有利于使所有员工都聚焦在相同的发展方向上。在谷歌，员工有20%的工作时间是可以自由支配的，这样的管理方式看似不合理，其实谷歌推出的很多产品都是员工利用他们20%的自由时间设计完成的。这些产品的质量都很高，而且体现了员工独有的创意，非常受用户欢迎。

杜尔把OKR带入谷歌是因为一直以来谷歌都秉承着重视创新和人才的管理理念。为了吸引更多人才来谷歌工作，谷歌就需要营造一个开放、宽松的环境，使员工能够发表自己的看法，给各种创意一个试验的机会。不得不说，OKR有效地促进了谷歌的创新与发展。

10.3.2 KPI法

KPI（Key Performance Indication）法即关键绩效指标考核法，该方法将公司的发展战略程序化，为HR进行绩效考核提供了可能，目前已经得到了广泛应用。同时，该方法还可以进一步明确员工的绩效指标，从而使绩效考核被进一步量化。

通常使用KPI法需要经历以下5个步骤，如图10-3所示。

图10-3　关键绩效指标考核法的步骤

（1）HR首先需要明白公司发展的长期目标到底是什么，以此为依据建立发展战略。找出影响公司发展的关键业务，然后确定关键业务领域的关键绩效指标，即公司KPI。

（2）由各部门主管根据公司KPI建立部门KPI，并对部门KPI进行分解。HR需要分析绩效驱动因素，选择最重要的公司KPI作为部门KPI，同时还需要明确实现部门KPI的工作流程。

（3）由部门主管和HR协商，将部门KPI分解到员工身上，形成员工的个人KPI。分解出来的个人KPI是考核员工的重要依据。需要注意的是，即便隶属于同一部门、职位相同的两位员工，由于工作经验及业务能力等因素的不同，在制定个人KPI时也应该有所差异。

（4）HR在明确KPI后，还需要设定评价标准。通常KPI是指从哪些方面进行考核工作，而评价标准则是解决在各类KPI的基础上，员工分别应该达到怎样的工作水平等问题。

（5）复盘主要是为了确保KPI能够全面、客观地反映员工的绩效。如果在复盘过程中，HR发现KPI有问题，就要及时调整并优化KPI。

KPI的建立及复盘过程，本身就是凝聚全体员工，使其为了实现发展战略而努力的过程。这个过程也对HR的绩效管理工作起到了促进作用。KPI法强调通过工作成果来反映绩效情况，考察的是员工在正常状态下的工作能力。HR在使用该方法考核员工时，要根据公司建立的考核标准对员工进行公平、公正的考核。

10.3.3 平衡计分卡

平衡计分卡即BSC（Balanced Score Card），由美国的卡普兰教授创立，是一种比较受欢迎的绩效考核方法。该方法要求HR通过四个维度考核员工，即财务维度、客户维度、运营维度、学习与成长维度。某石油公司的HR通过平衡计分卡制定了绩效指标，具体见表10-1。

从财务维度上来说，HR应该知道公司要求的是什么，是最大的销售收入，还是更多的利润，又或是更低的成本。有些新手HR可能会认为，任何指标都是公司想要的，但他们该知道，公司的资源和能力是有限的，这些有限的资源和能力决定了指标是不可能面面俱到的。

表 10-1　某石油公司的平衡计分卡

	战略目标	绩效指标
财务维度	F1 提升资本回报率 F2 提升现有资产利用率 F3 提升利润率 F4 成为业内成本管理领先者 F5 良性增长	资本回报率 现金流 行业内净利润排名 单位成本 销售量增幅与行业比较 高档汽油销售占比 非汽油类产品收入和利润
客户维度	C1 持续为客户提供愉悦的消费体验 C2 建立与经销商双赢的合作关系	目标客户市场水平 神秘客户评分 经销商利润增幅 经销商满意度
运营维度	I1 促进产品和服务创新 I2 打造最佳经销商团队 I3 提升炼油水平 I4 提升存货管理水平 I5 成为行业内成本管理领先者 I6 及时，按规格送货 I7 加强环保，健康、安全管理	新产品的投资回报率 新产品的接受度 经销商服务质量排名 产量差额 停机时间 存货量 断货率 动态成本与竞争对手的比较 订单处理准确率 环境事故次数 因事故损失的工作日
学习与成长维度	L1 营造良好的工作氛围 L2 提升战略性能力 L3 及时掌握战略性信息	员工满意度 个人计分卡达标率 战略性能力 战略性信息掌握程度

因此，在财务维度上，HR应该选择与战略相关的指标。如果公司现在追求的是与竞争对手相比的市场份额，那就应该侧重市场方面的指标，而不是利润和成本；如果公司现在追求的是盈利能力，就要重视效益方面的指标；如果公司采取低成本战略，那关注的就是成本方面的指标……总之，不同的战略决定不同的方向，不同的方向决定不同的指标。

HR将财务维度的指标思考清楚后，就要思考客户对公司有哪些需求。

HR应该学会对客户进行细分，不要妄图什么客户都想得到。例如，公司定位的是高端客户，那指标就要偏向如何生产高质量的产品、如何保证快速的响应速度、如何提供高质量的服务等；如果公司定位的是低端客户，那指标就要偏向怎样降低产品的成本、如何研发物美价廉的产品等。

为了确保竞争优势的持续性，HR需要从运营维度入手，考虑怎么样才能让公司的竞争优势一直存在。解决这个问题的关键在于公司要不断学习与成长，这样才能推动员工不断进步。因此，平衡计分卡也必须有运营维度、学习与成长维度的指标。

综合来看，因为平衡计分卡既有财务指标，也有非财务指标，所以基于该方法的绩效考核会十分全面。但该方法操作起来没有那么容易，而且短期内很难体现其对战略的推动作用。这就要求HR必须有耐心，切勿因为过度追求考核效果而急于求成。

第 11 章

绩效辅导与反馈：
助力员工成长

很多HR都抱怨自己最不喜欢的工作是绩效辅导与反馈，因为很多时候，这项工作的结果可能是费力不讨好。例如，经常有员工对HR给出的绩效建议不满意，绩效结果不好的员工在受到批评后也会对HR产生不满情绪。久而久之，绩效辅导与反馈就变得"火药味"十足。为了不让双方的关系恶化，也为了避免出现辅导与反馈没有效果的情况，HR要掌握一些相关技巧，以便更好地帮助员工成长与进步。

11.1　思考：绩效辅导是什么

因为绩效辅导做起来没有那么容易，所以有些HR索性就不关注这项工作，其实这样的做法是非常不正确的。绩效辅导的目的是帮助员工提升能力，其在绩效管理中的地位和作用是不容忽视的，HR必须改变想法，积极为员工提供相应的支持。

11.1.1 绩效辅导的内容

很多HR都知道绩效辅导在绩效管理中的重要地位，它可以对考核员工、确定薪酬、改进工作、提高个人能力等多个方面起到作用。为了帮助HR更好地学习绩效辅导相关知识，下面先从绩效辅导的内容（即"四字箴言"：看、听、教、帮）开始介绍。

1.看：观察绩效风险，及时预防

绩效辅导需要HR观察员工最近阶段的工作状态和工作进度，在此基础上为员工今后的工作提出相应的建议与改进办法。通过绩效辅导，HR能观察到员工可能出现的绩效风险与问题并及时纠正。在绩效辅导过程中，HR要考虑以下几个问题，分析员工是否存在绩效风险与问题。

（1）员工的工作进展。

（2）员工在工作时遇到的问题。

（3）有哪些必须用到的考核数据。

（4）员工目前的工作结果与预期目标的匹配度。

（5）员工目前的工作状态。

同时，为了预防绩效风险，HR还需要进行绩效信息的收集和分析工作，并根据绩效信息帮助员工找到解决问题的方法，从而优化和改进员工的绩效结果。

2.听：了解员工的工作思路

"听"即通过与员工沟通，分析员工的工作思路，了解员工是否有达成绩效的可能性、是否有完成改进措施的可能性、对自己目前工作的认知等。HR要平等地对待员工，让员工进行问题分析，认真听取员工对工作的看法，并针对员工身上的问题给出一些改善建议。

3.教：传授方法，推动绩效改进

顾名思义，"教"是在绩效辅导过程中，HR为员工提出或遇到的问题提供解决方法，引导员工进行绩效改进，提高工作效率。HR具体应该怎么做？可以从以下几个方面入手。

（1）HR在为员工做绩效辅导时，简单的问题口头沟通即可，比较复杂的问题最好先让讲师为员工做一次示范，然后手把手教员工做一次，最后观摩员工做一次。当然，这不是必须遵循的流程，HR可以根据实际情况对此流程进行调整。

（2）HR应该与员工进行进一步沟通，互相分享心得。

（3）通过前期的教学和心得分享，引导员工自我学习，分析问题，解决相似问题。

（4）通过员工的实践、总结及讲师的示范、分享，鼓励员工打破常规，积极创新。

4.帮：尽力提供资源支持

"帮"就是在员工无法独立完成绩效，或因外部环境变化无法完成绩效的情况下，HR通过绩效辅导了解员工需要的资源，为员工提供必要支持。这里应该注意，当员工提出自己需要的资源时，HR不能一味地否定员工，而应该以员工的看法为主，让其安心工作。

掌握看、听、教、帮这个"四字箴言"，绩效辅导就可以充分发挥促进员工绩效提升的作用，从而使员工尽快完成公司的发展目标。

11.1.2　做绩效辅导需要明确的问题

著名经济学家迪安·罗森伯格说过："考核最主要的目的，就是帮助员工个人和组织改进绩效，并及时且妥善地对考核结果进行反馈。"可见，对员工进行绩效辅导很重要。但如果HR没有提前了解做绩效辅导需要明确的问题，则会对效果产生影响。

HR要进行有效的绩效辅导，应该注意以下几个问题。

1.辅导前要有详细的计划

HR首先应该知道为什么要面谈，然后和员工约定面谈的具体日期、具体时间段、具体地点等问题，最后至少要提前一周将面谈目的和面谈计划告诉员工。

2.控制好辅导时间

辅导时间最好定在HR和员工双方都有空且能够全身心投入的时候。现在很多HR都是在用人部门催交绩效辅导结果时，才会仓促地与员工进行这项工作。这样的行为只是在走形式。通常，如果是普通员工的绩效辅导，时间以30～45分钟为佳；如果是中层主管的绩效辅导，则以60～120分钟为宜。

3.创造一个和谐友爱的环境

有一个和谐友爱的沟通氛围，是做好绩效辅导的关键点。HR不要摆出一副高高在上的姿态，而应该多点微笑与亲和力，鼓励员工畅所欲言，让员工明白，你们是绩效伙伴的关系。这样可以促使双方在解决绩效问题时真诚而深入地沟通。

HR和员工的座位会影响辅导氛围，双方之间的距离要适中。距离太远会影响信息传递，距离太近又会让员工感到压抑。比较好的处理方式是HR与员工在桌子一角成90度而坐，这样能够避免目光直视，缓和紧张氛围。

通常做绩效辅导的地点是公司的办公室，因为办公室是一个相对严肃、适合谈话的场所。但办公室也有一些局限性，如经常会有访客、容易让员工有明显的上下级感觉等。所以如果有条件，HR也可以在咖啡厅等气氛相对轻松，又适合谈话的地方与员工进行绩效辅导，促使员工表达真实感受。当然，具体选择什么地点，需要HR根据实际情况决定。

11.2　绩效面谈的3大关键点

成功的绩效反馈离不开绩效面谈，绩效面谈的质量对员工的工作态度、工作状态及后续表现有重大影响。如果HR掌握绩效面谈的技巧，则可以切实帮助员工提高能力。

11.2.1　怎么准备绩效面谈

我们常说"预则立，不预则废"。一次成功的绩效面谈往往来自事前的精心准备。那么，HR具体应该怎么为绩效反馈做准备呢？重点如下所示。

（1）HR要先做好面谈计划，明确绩效面谈的主题、目的以及需要解决的问题。

（2）提前告知员工面谈的时间、地点，并将自评表格发给员工，让员工有充足的时间准备各种考评资料，进行自我评价。

（3）准备好面谈内容或提纲，包括绩效考核周期内的主要工作和目标完成情况；主要成果和个人进步情况；工作中存在的问题和不足；改进措施和实施计划；下一绩效考核周期的目标与实现方法；员工对绩效改进的看法或建议等。

（4）准备相关绩效数据，做到有理有据。HR应该收集各种与绩效相关的数据，同时督促员工主动提供相关数据。这样可以保证HR在进行绩效面谈时有据可依。

其实不仅HR要做好充分准备，员工也应该做好充分准备。员工需要做的主要准备工作就是填写《员工自我评价表》，这项工作有以下几个目的。

（1）让员工熟悉绩效考核标准。

（2）让员工可以对绩效考核标准进行逐一对照，为自己做一个有效评估。

（3）分析自己在工作上的得失，并找出造成工作得失的自身原因。

（4）针对自身原因，找到可以改进工作、提高绩效的有效措施。

这里应该注意的是，《员工自我评价表》不可以只是单纯的工作总结，而应该尽量要求员工把绩效考核标准和工作结果进行量化分析与评估，从而为面谈提供更多依据。

11.2.2 绩效面谈的"三明治"法则

"三明治"法则是批评心理学中的法则，是指把批评夹在两个表扬之间，使受批评者愉快地接受批评。在绩效面谈中，该法则是激励和警示员工的重要技巧。

"三明治"法则的第一层是认可员工的工作，多关注员工的优点；第二层是建议、批评，即提出员工的不足之处并给出建议；第三层是鼓励、希望，即针对员工身上的问题给出改进方案。该法则不仅不会挫伤员工的自尊心，还会引导员工积极接受批评，改正自己的问题。

下面通过一个案例来了解"三明治"法则应该如何使用。

韩城是北京一家公司的HR。前段时间，他发现自己的下属王海明经常工作不在状态，总是出现材料上交不及时、工作任务没有按时完成的情况，有时还会因此拖延整个部门的工作进度。于是，韩城决定与王海明沟通一番，督促王海明认真对待工作。

韩城先是询问王海明最近是否身体不舒服、家里是否遇到了什么事情。王海明回答一切安好。

接下来，韩城根据"三明治法则"，对王海明说："海明，你来我们部门的那天，我就觉得你能力很强，事实也是如此，你有很多工作都完成得很出色。"（认可）

"但最近我发现你的状态有些不太好，经常不按照时间节点完成任务，前几天的培训材料上交也不及时。说实话，你的这些表现会让人觉得你工作不认真。"（批评）

"作为你的主管，我觉得有必要给你指出来。因为如果你继续保持这种状态，会对你在公司的晋升或下一步发展产生不利影响。我希望以后你能更认真地对待工作，争取早日找回积极状态。"（鼓励、希望）

这次谈话后没过多久，王海明给韩城发了一封邮件，感谢韩城给他的建议，并表示他会认真改进。王海明也的确很快改掉了做事拖拉的问题，精神状态焕然一新。

由此可见，在绩效面谈过程中，批评只是手段而不是目的，批评的重点在于改善员工的工作情况。因此，如何批评非常重要。"三明治"法则的批评是在不伤感情、不损坏自尊心的情况下，既指出了员工的问题，也易于让员工接受，使员工对自己的工作始终抱有热忱。

11.2.3　按照员工类型做绩效面谈

为了让绩效面谈有更好的效果，选择合适的方式十分重要。绩效面谈通常有个人面谈、集体面谈等方式，其中一对一的个人面谈效果最好，也是HR比较常用的方式。但因为员工都有自己的特点，所以面谈也应该随着员工的不同而有所变化。

HR可以根据绩效结果将员工分为"优秀""无进步"和"较差"三类，并在面谈时使用不同的技巧。

1.优秀员工

HR在与表现优秀的员工面谈时，应该以鼓励为主，即肯定他们的成绩，激励他们再接再厉。在面谈过程中，HR要了解他们身上的优秀素质，并积极鼓励他们将自己的成功方法推广给其他同事。有时为了鼓励优秀员工继续保持状态，HR会提及升职、加薪类的物质性奖励。这当然是必要的，但HR应注意许诺的物质奖励的大小，避免出现开"空头支票"的情况，否则不仅打击了员工的激情，也伤害了公司的信誉。

2.无进步员工

在和无进步的员工进行绩效面谈时，HR应注意保持开诚布公的态度，耐心地和员工一起找出没有进步的根本原因，然后对症下药。例如，某员工一直没有进步的原因是缺乏积极性，这时HR就应充分肯定员工的能力，使用"激将法"等刺激员工产生竞争心理。在表达方面，HR可以用类似"原来某某不如你，但现在却超过你了""你要是愿意干，肯定是头几名"的话，激发员工的斗志。

3.较差员工

HR在与较差的员工进行面谈时，要充分挖掘该员工绩效差的原因。如果是工作方法不对，HR要引导该员工寻找正确的工作方法，避免其出现自卑心理；如果是工作态度原因，HR应该严肃地对其进行警告，严重时可直接将其辞退。

11.3 帮助员工改进绩效

HR通过绩效考核了解了不同员工之间的绩效差距，也知道了某个员工在工作中的不足之处。在此基础上，HR可以采取有针对性的绩效改进方案，帮助员工改进绩效。

11.3.1 绩效改进的步骤

HR要想做好绩效改进，首先要掌握绩效改进的完整流程。

1.回顾绩效结果

HR在制订绩效改进计划时，要对本期考核结果与上期考核结果进行对比分析，找到引起绩效差距的内在原因，以达到有针对性地为员工制订绩效改进计划的目的。

2.找出员工有待提高的方面

绩效改进计划如果没有针对性，就很难产生好的效果。而这一点离不开HR对员工有待提高的方面的挖掘。首先，HR要重审绩效不足的原因，通过各方面评价确定事实与员工口中的描述是否有偏差；其次，HR要知道员工最想、最需要提高的方面，多听取员工的意见；最后，绩效改进要从容易出成绩的地方开始，这样才能让员工收获成就感。

3.确定绩效改进的具体措施

HR有多项措施能改进员工的绩效，而且其中大部分措施不需要投入额外经费。这些措施包括征求同事的反馈建议、工作轮换、参加特别小组、参加协会组织等。具体选择哪项措施，则需要征求员工的意见，同时还要考虑公司的实际情况。

4.列举绩效改进所需资源

"工欲善其事，必先利其器"。HR要落实绩效改进计划，就必须有资源支持。资源通常为公司所有，是公司得以运营的要素集合，包括有形资产，如厂房、现金、人员和客户，以及无形资源，如产品质量、员工技能、市场声誉等。HR要合理分配资源，尽量为绩效改进创造良好的内外部环境，更好地推动员工提高绩效。

5.签订绩效改进计划

经过以上四个流程后，绩效改进计划已大致形成，这时不能忽略的重要一步是与员工签订正式的绩效改进计划，并由双方签字确认。如果绩效改进计划需要征求相关领导的意见，HR要及时征求以达成最终意见，同时还应该要求员工按照相关规定填写绩效改进计划表。

对于HR而言，签字能明确个人的相应责任，为绩效改进计划提供保障。对员工而言，签字能让自己放心大胆地实施绩效改进计划，无所顾忌地使用、获得自己需要的资源。

另外，当员工亲自参与绩效改进计划的制订过程并借助签字做出公开表态后，他们一般会坚定自己的立场，为自己的选择负责，而HR也不会为自己的监督不当找理由、推卸责任。这样能很好地避免绩效改进计划流于形式，可以使其发挥最大价值。

11.3.2　明确绩效改进策略

绩效改进不能盲目进行，需要有具体的策略。目前比较常用的绩效改进策略有两种：预防性策略、制止性策略，下面将对这两种策略进行介绍，帮助HR更高效地实施绩效改进。

1.预防性策略：告诉员工如何做

预防性策略是指在绩效改进计划实施前，由HR制定清晰的绩效标准，并明确告诉员工应该如何完成任务，让员工知道什么是正确、可行的行为，以及什么是错误、不可行的行为，从而有效地预防员工在工作中出现低绩效的情况。

张伟是上海一家营销公司的HR，倪浩是刚入职半年的市场专员。该公司至今已经实施了整整四年的绩效管理，而且每个环节都形成了自己的模式。

在绩效考核前，张伟再三向倪浩表示，如果在工作过程中遇到问题一定要及时反馈，自己会尽最大努力为对方解决问题。后来对于倪浩提出的建议，张伟会认真倾听；对于倪浩希望获得的资源，张伟也会努力为他提供支持。倪浩觉得自己很受张伟和公司的重视，所以即便公司的工资水平一般也没有想过离职，最终成为公司的骨干力量。

在上述案例中，张伟在绩效改进中起到了引导、帮扶的作用，辅助倪浩提前了解绩效管理情况，解决其疑难问题，保证其绩效改进效果。这就是预防性策略的作用。

2.制止性策略：跟踪员工的行为

制止性策略是指HR在员工的工作过程中，实时检查和监测员工的行为和绩效完成情况，以便及时发现员工的问题并纠正，避免员工在错误的道路上越走越远。在这方面，HR要定期、按时填写绩效改进跟踪表，以便及时了解员工的工作情况。

HR在跟踪员工的绩效改进情况时，应该遵循以下两个原则。

（1）及时性。无论是填写跟踪表还是制止员工的错误行为，都一定要做到及时。这样才能把对员工及公司造成的损失降到最低。

（2）同一性。HR要公平地对待每一位员工，用同一标准对员工的绩效改进工作进行监督。最不好的现象是只批评与自己关系差的员工，而不批评与自己关系好的员工。

第 **12** 章

配套应用措施：
助力绩效管理落地

有些公司看似很努力地在做绩效管理，但其实效果非常差。出现这种情况的一个很重要的原因是 HR 没有制定配套应用措施，导致绩效管理无法顺利落地。为了避免出现这种情况，HR 要合理利用绩效结果，并及时做好绩效申诉与优化。

12.1　绩效结果的 4 大应用场景

绩效结果能够充分展现员工的优势与不足之处。在结合公司的发展战略后，绩效结果可以在人事调整、员工培训、新员工转正、绩效改进等方面得到很好的应用。

12.1.1　绩效结果赋能人事调整

在公司进行人事调整是需要一定依据的，而绩效考核的结果恰好为 HR 提供了这样的依据。在具体操作时，HR需要特别注意以下几点原则。

1.计划性

无论什么时候，人事调整都应该有计划地进行。当公司的某些岗位出现空缺时，绩效结果能够为人事变动提供参考依据。换句话说，不是因为绩效考核才产生人事调整，而是因为公司有人事调整方面的计划，才需要考核结果的辅助。

2.时间性

任何员工在某一岗位上都需要一段时间的磨合期和经验积累期，才能够发现自己是否适合这个岗位。因此，在将考核结果应用于人事调整时，要把短期绩效成绩和长期绩效成绩结合起来看。而且如果是晋升调整，则应该要求员工在其本职岗位上至少工作一年时间。

3.公平性

把绩效结果应用于人事调整，调整标准应该事先公布，以保证公平性。例如，HR在绩效考核前就和员工约定好，连续多长时间获得优秀绩效的人可以参加岗位竞聘，连续多久绩效不合格的人会被辞退。这样可以避免纠纷。

4.全面性

职务不同，岗位所需的能力也不同。有的员工能够在自己的岗位上做得非常出色，但缺乏领导能力，本身不适合做管理岗位。HR如果想对此类员工进行晋升调整，就要多思考。在晋升调整方面，HR需要全面分析员工的能力和素养。一方面要看他在本职岗位上是否优秀，另一方面就是考察其个人能力是否适合另一层级更高的职务。

下面介绍一个因为没有结合绩效考核结果导致错误晋升的案例。

福建一家科技公司的前技术部经理石江因故离职，公司决定从内部优秀员工中选拔出合适人选作为新的经理。在进行候选人的最终选择时，人事部经理杨虹认为石江的意见非常重要，并请他做了推荐。由于石江认为经理一职需要更强的管理能力，所以在候选人马力和李峰之间，他推荐了管理能力更强的马力，而非专业技术能力更强的李峰。

由于不了解技术部的具体工作情况，杨虹对石江的推荐十分看重，最终向领导推荐的人选也是马力。结果当最终的任命决定下来后，技术部的员工们却都觉得不公平，李峰本人也认为不公平。第二天，李峰就递交了辞呈，许多技术骨干也因此纷纷离职。

杨虹见状十分后悔，当她无意中翻到李峰和马力的绩效考核表时，发现从上一阶段的绩效考核数据来看，李峰的绩效结果要优于马力，而且李峰也有向管理岗位发展的职位规划。此时她才意识到当初应该结合绩效考核结果来安排晋升事宜。

绩效结果在一定程度上表现了员工的能力水平和工作态度，为公司的人事调整提供了依据。但在实际操作过程中，人事调整不仅要综合考虑长期绩效成绩和短期绩效成绩，还要考虑员工的价值观和工作态度与公司的发展理念是否相符，即必须全面考察员工的素养。

12.1.2　绩效结果赋能员工培训

绩效结果可以应用于员工培训。根据绩效结果，员工现有的能力素养和岗位所需要的能力素养之间的差距能够清晰地展现出来，从而指导培训课程的选择与安排，促进员工的能力不断增长。在分析员工的能力时，最常用的工具是绩效改进培训开发卡，模板如表12-1所示。根据开发卡上的内容，HR通常可以得出最合适的培训内容和方式。

武汉有一家物流公司，公司内部虽然实行了绩效考核制度，但考核结果只与员工的奖金挂钩，没有更多方面的应用。到了年底考核时，王总发现自己公司的业绩和前一年的业绩基本持平，而其他同行公司的业绩却进步明显。

表12-1　绩效改进培训开发卡（模板）

姓名		工号	
工作岗位描述			
评价类型	完全胜任	胜任	不胜任
上级评价			
自我评价			
教育培训计划			
培训方式	培训主题及课程名称	培训内容	
脱产培训			
在职培训			
自行学习			

经过调查，王总发现同行公司在进行阶段性绩效考核后，除了对员工们的表现进行相应奖惩，还会根据绩效结果对不同工种进行培训。在经过认真思考后，王总决定尝试将绩效结果应用于员工培训，并加大对员工培训的重视。经过两个月的不懈努力，公司的业绩明显好转。由此可见，将绩效结果应用于员工培训并认真落实员工培训方案是十分有必要的。

12.1.3　绩效结果赋能新员工转正

在考核新员工时，HR通常会结合工作态度、工作能力等指标。如果员工的绩效结果好，工作能力和工作态度也合格，那HR就可以给予其转正奖励，否则可以考虑再给予其一次机会或者直接淘汰。这便是将绩效结果应用于新员工转正的重要体现。

12.1.4　绩效结果赋能绩效改进

绩效改进是公司实施绩效管理的目的之一。绩效管理不是为了扣员工钱，而是为了实现公司的目标。要想更好地实现公司的目标，那HR就应该帮助员工持续改进绩效。正所谓"不求一步走向成功，但求日进一步"。只要员工每次都能在前一次工作的基础上有进步，那公司的绩效管理一定会日益完善。HR应该与员工深入沟通，对其进行绩效辅导，并帮助其列出绩效改进计划；员工则应该将绩效改进计划执行下去，不断提升自己的绩效结果。这样双方形成合力，公司的目标一定能成功实现。

12.2　绩效结果与薪酬管理融合

"绩效考核根本没用，员工不在乎绩效结果"，这是很多HR都在抱怨的问题。为什么员工不在乎绩效结果呢？主要是因为绩效结果和什么都不挂钩。试想，如果绩效结果直接与薪酬挂钩，员工还会不在乎吗？答案显而易见。

12.2.1　绩效结果如何影响薪酬涨跌

绩效结果和薪酬涨跌挂钩，能有效发挥绩效的激励作用。绩效结果主要从以下两个方面影响薪酬涨跌。

1.绩效工资的高低

绩效工资是根据绩效完成情况发放的收入，即当月绩效结果好，绩效工资就多；当月绩效结果不好，绩效工资就少。

某公司的HR是这样为员工计算绩效工资的：员工的基本绩效工资是2000元，如果该员工当月的绩效考核成绩是120分，则该员工的实际绩效工资是2000×120%=2400元；如果该员工当月考核成绩只有80分，则该员工的实际绩效工资是2000×80%=1600元。

根据这样的结果，可以得出以下两个结论。

（1）绩效工资不会增加公司的工资成本。合理的薪酬绩效体系一般会有奖励也会有惩罚，奖励的那部分薪酬来源于绩效差的那部分员工扣除的薪酬，二者通常是相当的，不会对公司为员工发放的薪酬总额产生很大影响。

（2）虽然HR在考核过程中可以给员工打低于80或高于120的分数，但很多时候，分数极低或极高的员工几乎是不存在的。这样的打分模式对收入的影响会更低一些。尽管绩效成绩的高低对收入的影响不大，但其依然对员工有比较大的奖惩作用，原因有两个。

一是大多数员工都看重自己的收入，会为了增加收入而努力提升绩效成绩。

二是大多数员工都有荣辱感，绩效成绩高就意味着自己的工作有好结果，可以在一定程度上影响后续的工作行为。

2.第二年薪酬的涨跌

绩效成绩的好坏对员工影响比较大的应该是第二年的收入。通常员工想获得更高的绩效工资，每月都需要努力工作；如果想要更高的奖金，每年都必须努力工作。但从新一个周期开始，以前的绩效成绩基本归零了，不会影响后期的绩效成绩。这对那些表现好的员工不太公平。HR如果想让员工有更强的积极性，就需要进行永久性激励，即持续涨薪。

许多HR在面对涨薪问题时，比较头疼的是如何确定涨薪的人员以及涨薪的比例。某公司的绩效管理制度是这么规定的：在年度绩效成绩计算完毕后，由人力资源部门分别将员工的分数由高到低进行排序，划分出"优"A（占参评总人数的20%）、"良"B（占参评总人数的50%）、"合格"C和"差"D（C和D合计占参评总人数的30%）四个等级，并将其作为职级升降、人员再配置（晋升、降职、调职、淘汰）和培训等的依据之一。

年底考核得分为A的员工可以晋升两级，得分为B的员工晋升一级，得分为C的员工不晋升，得分为D的员工直接进入人力资源池，且不参加当年的奖金分配。累计两次得分为D的员工，按照劳动关系条例进行处理。

假设该公司有100名员工，绩效成绩排名前20的员工可以晋升两级工资，中间的50名员工可以晋升一级工资，最后30名员工如果都是C，则不涨工资也不降工资。

需要注意的是，HR在设计绩效管理制度时，不要简单地抄袭其他公司，因为不同公司的工资涨幅、薪级安排是不一样的，必然对应着不同的薪酬比例关系。

12.2.2　奖金分配与绩效结果有什么关系

奖金一般是以一年或者半年为期限，公司根据效益的好坏而发放的物质奖励。如果薪酬制度中没有对奖金进行规定，那么奖金可以发放也可以不发放。如果HR打算发放奖金，就需要确定奖金数额。决定奖金数额的依据有两个，一个是员工的职级，通常职级越高，奖金就越高；另一个是绩效成绩，如果职级一样，绩效成绩越好的员工获得的奖金就应该越多。

还有些HR会在分配奖金时将薪级也考虑进去。假设一家公司某一职级上的薪级是9级，薪级1的工资是3000元，薪级9的工资是6000元，中位值是4500元。再假设两个员工都处于同一个职级，但一个是资深员工，处于薪级9，另一个员工是新晋员工，处于薪级1。如果他们的绩效成绩都是100分，那么以薪级作为分配标准计算，资深员工的奖金要高于新晋员工。这样看似是合理的，毕竟资深员工拿的奖金多，新晋员工拿的奖金少。

但事实并非如此。HR应该知道，职级和薪级的激励作用是不同的。职级是为了鼓励员工多学本领，承担更高岗位上的工作。但由于不是每个员工每年都有晋升机会，所以为了激励那些能力稍差又不能晋升的员工，也给他们涨薪和获得奖金的机会，HR就设计了薪级。

一般处于高薪级的员工是在该岗位上干了多年的资深员工，他们属于经验丰富但能力不足的。此时HR不能片面地认为他们就必须拿高奖金。通常为了促使他们尽快提升自身能力，加速自身成长，以进阶到更高的职级，HR其实可以在分配奖金时对他们有一些"偏见"。当然，至于HR是否要用控制奖金的方法来激励资深员工进步，还是要看公司的实际情况。

12.3 绩效申诉与优化

无论是什么样的绩效管理模式，都难免会有考虑不全面的地方，因此出现员工申诉的情况也十分正常。HR要正确处理员工申诉，不断优化自己的工作，争取让绩效管理更符合公司的现状，真正对员工起到激励作用。

12.3.1 正确处理绩效申诉

对于HR来说，处理绩效申诉的重点在于找出员工到底为什么申诉。除去恶意中伤相关人员的骚扰性申诉，员工的申诉可以分为对考核制度的申诉和对绩效结果的申诉。针对这两种申诉，HR的处理方法应有所区别。

1.针对考核制度的申诉及处理方法

在考核制度发生变革的初期，公司各方面经验都不足，很容易出现员工对考核制度的理解还不够充分的情况。在这种类型的申诉中，最常见的语言就是"凭什么"：凭什么要他考核我，凭什么财务部的考核要和营收指标挂钩等。这些话实际上表明了员工对考核制度的不理解，所以HR要对考核制度进行解释，打消员工的顾虑。

另外，产生这类申诉的原因有时也可能是考核制度确实不够完善，这时HR就应该认真听取员工的意见，也可以和公司领导及员工代表一起讨论，对现有考核制度进行修改和完善。

2.针对绩效结果的申诉及处理方法

在绩效考核申诉中，比例最大的就是对绩效结果不认可的相关申诉。由于许多员工认为自己的工作表现与公司给出的绩效结果不相符，因此认为考核不公平，进而申诉。在申诉过程中，员工的"不公平"意见表达得十分突出。

（1）认为考核标准不公平："我明明完成了任务，为什么我的结果是需要改进？"

（2）认为与其他员工相比不公平："我跟他不相上下，为什么我的绩效结果比他差？"

（3）认为考核主管不公平："考核主管就是为了打击报复我才给我这么低的分数。"

针对这些考核结果的申诉，处理方法一般从以下几个方面进行。

（1）接纳、理解员工感受，诚恳地表明自己愿意为员工解决问题。

（2）和员工面谈，减少双方的误会。如果沟通不成功，再由第三方介入进行调解。

（3）检查绩效考核过程是否公正。如果发现存在某个或某些环节存在问题，就应该重新进行绩效考核，并让考核主管承担相应的责任。

（4）审视评价结果是否公正。如果发现结果公正，则要在维持原结果的同时对考核主管进行绩效管理培训，避免再次发生员工不认可结果的情况；如果发现是考核主管拉帮结派、故意打击报复，则要重新对员工的绩效进行考核和审查，并对考核主管进行处罚。

（5）如果考核结果已经被证明是公正的，但员工依旧纠结于"甲不如我，得分却比我高"，正确的处理方法是强调员工个人应该正视自己的成绩，他人的成绩是由考核主管经过全面考察后给出的，而且不在本次的讨论范围内。这样处理可以避免绩效申诉复杂化。

（6）正确引导员工低落的情绪，强调绩效考核是"对事不对人"，不能否认员工的个人能力，要鼓励其继续努力，充分发挥自己的才干。

12.3.2　如何精准改进考核指标

任何公司的考核指标都不可能是一成不变的，当以前的考核指标不能适应公司的发展潮流或者当下的考核指标已经完成的情况下，HR可以考虑给员工制定更高的考核指标。

表12-2罗列了三个岗位的考核指标，左边的考核指标是对这些岗位提出的基本要求，员工只要完成这些基本要求就算合格；右边的考核指标代表卓

越标准，如果各岗位都能很轻松地完成基本标准，那HR就可以采用卓越标准，要求员工按照卓越标准做事。

表 12-2　三个岗位的考核指标

	基本标准	卓越标准
司机	1. 按时、准确、安全地将乘客载至目的地 2. 遵守交通规则 3. 随时保持车辆良好的性能与卫生状况 4. 不装载与目的地无关的乘客或货物	1. 在几种可选择的行车路线中选择最有效率的路线 2. 在紧急情况下能及时采取有效措施 3. 播放乘客喜欢的音乐或在车内放置乘客喜欢的杂志和书籍，以消除寂寞 4. 较高的乘客选择率
打字员	1. 速度不低于100字/分钟 2. 版式、字体等符合要求 3. 无文字及标点符号的错误	1. 提供美观、节省纸张的版面设置 2. 主动纠正原文中的错别字
销售代表	1. 正确介绍产品或服务 2. 达成承诺的销售目标 3. 回款及时 4. 不收取礼品或礼金	1. 对每位客户的偏好和个性等做详细记录和分析 2. 为市场部门提供有效的客户需求信息，维持长期稳定户群

制定更高的考核指标，能推动员工个人能力的提升，弥补其在工作方面的不足。如果员工没有办法完成更高的考核指标，HR可以有针对性地为员工提供培训、在岗训练、老师带教等服务，真正帮助员工解决问题，从而更好地实现公司的发展目标。

12.3.3　电商公司的绩效指标改进

2019年11月11日，某电商公司举办"双11"活动，当时客服部最大的问题是电话接通率比较低，消费者普遍反映电话打不通。于是，该电商公司统计了一下，发现电话接起率只有20%左右，这样消费者对服务的满意度肯定会大打折扣。

所以电商公司针对电话接起率较低的问题，制定了针对客服部的考核指标，专门考核电话接起率，力争2020年"双11"期间的电话接起率从20%提升到80%。经过一年的努力，通过引进智能设备和信息系统、增加人手、改进流程等方式，终于完成了指标。

"电话接起率"指标是正常了，但电商公司又发现了新问题：消费者普遍反映客服人员的问题，包括语速较快、耐心不足等，这些都是因为设定电话接起率指标导致的"后遗症"。所以电商公司给客服部重新制定了指标，不考核电话接起率，而改成考核消费者满意度。

到了2021年"双11"，消费者满意度指标完成得非常好，消费者普遍反映客服人员的服务态度很好，自己对客服人员的服务态度非常满意。但此时电商公司又发现了新问题：消费者反映的问题迟迟不能得到解决。有消费者表示，自己反映的问题是购买产品已经三天了，为什么还没有送到？针对这个问题，客服人员的态度很好，但就是解决不了。

于是，电商公司又重新给客服人员定了新的考核指标——消费者问题解决率。当新的考核指标设定后，客服人员的工作重心由以前的"让消费者满意"转向了"帮助消费者解决问题"，即一切以"解决问题"为导向。经过这样的调整，消费者提出的大多数问题都得到了妥善解决，客服人员的服务也受到了消费者的认可。

电商公司的绩效考核指标从一开始的电话接起率转变为消费者满意度，再转变成消费者问题解决率。这里的每一次转变都代表服务标准的提升，代表着客服绩效的不断改善。

薪酬管理篇

第 **13** 章

薪酬体系搭建：
激发员工的热情

在薪酬管理中，薪酬体系搭建是比较重要的环节，也是员工非常关心的部分。薪酬体系不合理，将会严重影响员工的工作效率和稳定性。那么，薪酬体系到底应该如何搭建，才能让员工和公司都满意呢？本章就来解决这个问题。

13.1　薪酬调查：知己知彼方能百战百胜

薪酬调查是薪酬体系设计中的重要组成部分，解决的是对外竞争力和对内公平性的问题。HR在建立薪酬体系时，既要从公司自身的能力出发，也要对同行公司的薪酬水平进行调查和研究，真正做到"知己知彼，百战百胜"。

13.1.1　"知己"：做好内部薪酬调查

内部薪酬调查的主要目的是保证薪酬的公平性及激励性。在进行内部薪酬调查时，HR可以使用问卷调查等方式，其操作比较简单。另外，HR要了解公司的支付能力。这里所说的支付能力包括两层含义：第一层是从短期来看，公司的净盈利要可以支付得起所有员工的薪酬；第二层是从长期来看，公司在支付完所有员工的薪酬后，要有必要的剩余资金，以便保障公司的对外投资，进而促进公司的可持续发展。

13.1.2 "知彼"：做好外部薪酬调查

当公司的薪酬远低于市场薪酬时，可能不会有几个人愿意向公司投简历。而老员工由于拿着不合理的薪酬，时间久了自然会发生频繁跳槽的情况。因此，HR要想制定出合适的薪酬，就应该进行外部薪酬调查，充分了解市场薪酬，具体可以使用以下几种方式。

（1）购买薪酬报告。这是很多HR普遍使用的方法，但由于购买薪酬报告需要花费比较高的费用，因此可以联合其他公司一起购买，这样可以节省开支。目前比较知名的可以提供薪酬报告的公司主要有美世咨询、华博咨询、薪智、美世佳薪荟等。

（2）从招聘平台上寻找。虽然很多公司会把工资写成面议，但还是有些公司为了招人，把工资写在招聘信息上，如5000～6000元。一般这种跨度比较小的薪酬范围，都是比较实在的数据，而跨度比较大的薪酬范围，如4000～10000元，则可能存在一定的水分。

（3）人力资源公司提供的免费数据。很多人力资源公司为了能够和公司进行长期合作，会在每年的年底和第二年年初做一个市场薪酬调查。虽然调查结果会有出入，但对于HR来说也是一种参考依据。因此，和一些比较大的人力资源公司建立合作关系也很重要。

经过"知己知彼"的内外部薪酬调查后，HR就需要对调查结果进行处理和分析，以便做好后续工作。例如，HR需要对比内外部薪酬调查的数据，并据此制定合适的薪酬策略。

13.2 薪酬动态管理：低风险调薪

因为公司的经营状况、战略目标、员工配置、管理结构等都会发生变化，而且外部的市场环境、竞争对手、劳动力供求关系等也都在时刻变化着。所以为了适应这种变化，HR需要对公司的薪酬进行动态管理，并在需要调薪时与员工做好沟通。

13.2.1 薪酬结构调整

薪酬结构设计出来后，不是一劳永逸的，HR还需要根据实际情况进行调整。当公司的薪酬结构需要调整时，HR可以使用以下几种方法。

1.增加薪酬等级

几乎每家公司都有普通员工、中级管理者、高级管理者的职级划分，也会在岗位内部进行严格的薪级划分。例如，海尔在刚刚创立时设计了扁平化的薪酬结构。后来海尔的规模进一步扩大，员工也持续增加，原来那种扁平化的薪酬结构已经不能满足激励员工、提升竞争力的需求。因此，在薪酬结构的设计上，海尔就需要考虑不同岗位在任职资格和创造价值方面的差异，并在此基础上为不同岗位的员工匹配相应的薪酬。

还有一种情况就是同一岗位也有薪级划分，例如，同样是技术岗位，两位员工的职级是相同的，但他们的工作年限和工作经验是有差异的，为公司做出的贡献也不相同。从这一方面看，适当地对薪酬进行等级划分是比较必要的。

还有些公司希望可以通过薪级划分形成薪酬金字塔，从而更有效地发挥薪酬对金字塔底端员工的激励作用。另外，对同一职级进行更细致的薪级划分，能够充分体现多劳多得的分配原则，让员工感受到公平，激发员工的积极性。

2.减少薪酬等级

既然可以增加薪级，那么相对地，HR也可以减少薪级，即出于经营上的考虑，对现有薪级进行调整。例如，有些公司会遇到经营不景气或者管理不善的情况，这时可能有些员工会主动要求离职，也可能HR根据公司的经济实力让部分员工被动离职。于是，为了与现有员工规模相适应，HR不得不减少薪级。

还有就是对于公司而言，薪酬的公平性和效率必须同时兼顾。如果HR过分强调效率，忽略了薪酬公平，就会对员工的积极性造成严重影响。这时HR可以适当地减少薪级，有利于缓和员工情绪，维护公司稳定。

3.调整不同职级的员工规模和薪酬组成

如果把员工的收入按照一定的标准进行分级，通常会呈现金字塔形状，如图13-1所示。排在最底层的员工，收入最低，数量最多；而越上层的员工，收入会越高，数量则会越少。

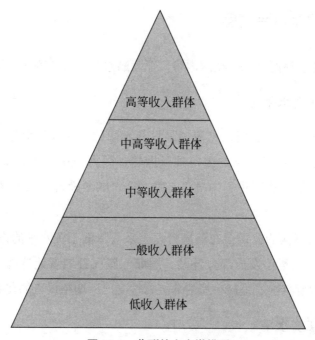

图13-1　薪酬的金字塔模型

对于公司来说，金字塔式的薪酬结构是比较常见的，只不过这个金字塔会在宽度上有差异。大多数员工都想从金字塔的底层向金字塔的顶端前进，如果公司提供的机会和渠道能满足员工这样的需求，那金字塔式的薪酬结构就能发挥激励效果。

要满足员工向上层进步的需求，HR可以调整薪级，例如，原来有20个薪级，现在可以调整到14个薪级，然后再将其以金字塔图的形式表现出来。这样虽然员工的数量没有发生变化，但薪级少了，就会有更多员工可以进入更高的薪级。

还有一种做法是不调整薪级，而调整各薪级的员工数量。例如，顶层员工的数量保持不变，把底层员工适当减少，然后再增加中间层员工。

HR也可以调整员工的薪酬组成。例如，在固定工资的基础上增加津贴、绩效工资、年底分红、工龄工资等其他类型的薪酬。这样公司的薪酬结构就趋向多元化，员工也能充分感受到公平，从而使薪酬管理发挥出真正的价值和作用。

13.2.2 薪酬水平调整

前文介绍了薪酬结构调整的内容，那薪酬水平调整有哪些方法呢？

1.降低工资水平

通常同一岗位的工资水平应该是只升不降的。如果薪酬总额不断增加，就会造成实施绩效工资制的公司难以运转，因为公司的工资成本大幅度上升，就很难给更多表现优秀的员工奖励，公司的激励机制也就难以发挥真正的作用。

很多经营不佳的公司会在薪酬管理上采取降低工资水平的方式来帮助自己渡过难关，如暂停发放部分补贴、解雇一些高管或者让这些人提前退休、调整员工的福利标准、缩减公司的非经营性支出、调整员工的奖金计划等。

2.提高工资水平

HR在提高员工的工资水平时，一般会从以下3个方面着手。

（1）对表现优秀的员工给予加薪奖励。

（2）随着公司效益的增加而提高员工的工资水平。

（3）员工在公司工作了一定的时间，成为老员工，工资会随着工龄的增长而提高。

3.工资指数化

工资指数化是指员工的工资与物价挂钩。具体的做法是，在员工的工资表上只列出等级工资指数，然后用等级工资指数乘以最低生活费得出实际工资，这里应该注意的是，最低生活费会根据物价的变化而变化。

实行工资指数化就是为了减少由于物价上涨对员工造成的不利影响。HR应该对员工的工资进行物价补偿，根据物价指数调整工资，使工资的上涨水平高于物价的上涨水平。

13.2.3 做一次良好的调薪沟通

薪酬沟通是HR为了实现薪酬战略目标，通过某种途径或方式在互动中将与薪酬相关的信息传递给员工，并获员工理解和支持的过程。薪酬沟通可以分为以下两种类型。

1.间接沟通：将薪酬调整情况公布出来

间接沟通是指HR不与员工进行面对面交流，而是借用纸质印刷品（宣传单、薪酬福利手册、备忘录）、网络（电子邮件、微信、QQ、微博）等媒介将与薪酬相关的信息传递给员工。

在纸质印刷品这一项，不同的细分形式也发挥着不同的作用。例如，宣传单可以起到宣传的作用，同时也可以帮助HR向员工传达薪酬体系、发展理念、公司文化等重要内容；而薪酬福利手册是把与福利相关的细节通过手册的形式对员工开放，供员工随时查阅。

在网络这一项，最常用的是电子邮件和线上交流平台。通常HR在完成薪酬调整后，可以将薪酬调整的原因、新的薪酬管理制度、背后的激励机制、市场上的薪酬情况等信息通过邮件的形式向员工传达。当然，HR也可以将这些信息发布到线上交流平台供员工查阅。

2.直接沟通：双方面对面交谈

直接沟通可以通过召开会议、与员工一对一面谈等方式进行。会议可以让员工感到薪酬沟通的重要性，帮助HR将薪酬调整背后的战略意图更深刻地传达到员工心中。一对一面谈可以帮助HR了解员工对于薪酬的反应和期待，从而帮助HR完善薪酬的个性化设计。

但需要注意的是，与间接沟通相比，直接沟通的缺点是耗费时间长、人力成本高、宣传推广难、适用性差等。而间接沟通则很难让HR准确地接收到员工对调整后薪酬的真实反应，没有办法倾听员工的意见，容易造成新的薪酬在执行反馈阶段出现严重问题。

间接沟通和直接沟通都有弊端，也各有优势，HR可以根据公司的实际情况进行选择。

13.3　关于薪酬体系设计的3个关键点

什么样的薪酬能留住人才？什么样的工资水平能让员工满意？什么样的待遇能吸引人才……HR始终都在努力寻找解决方案。其实这些问题都与薪酬体系设计有关。换言之，只要HR将薪酬体系设计好，这些问题就能迎刃而解。

13.3.1　为什么有人愿意接受低薪

有些员工通过反复跳槽来获得更高的收入，但另一些员工却按兵不动，可以最大限度地接受低薪。经过调查分析，员工能够接受低薪的原因主要有四个。

（1）有更大的发展空间。很多人看重公司的发展前景和自身的发展空间。陪着一家公司逐渐发展起来，会有很大的成就感，而且员工自己也会不断进步，掌握更多能力。他们可能认为，前期的低薪并不能代表一直是低薪，总会有涨薪的时候。

（2）工作环境更舒适。有些公司薪酬不是很高，但办公室、餐厅、宿舍的环境都特别好，此时员工可能不会对薪酬有特别多的要求。还有一部分公司是工作氛围特别好，如领导体贴、同事融洽、同事之间相互理解等，这种亲如一家人的工作模式，会让员工在低薪的条件下也能继续努力工作。

（3）能够学习更多技能。许多公司提供的薪酬比较低，但会教授员工很多课程，培养员工的各种技能，让员工可以快速成长起来。这就和一些公司的实习生差不多，他们进入公司的主要目的是培养能力，而不是赚取薪酬。

（4）能够充分体现自己的价值。很多人渴望获得上司的认可及其对自己价值的肯定。就像很多研究人员的工资不是很高，而且特别辛苦，但他们喜欢这个工作。因为他们可以在工作中找到自己的乐趣和价值，也有充分的时间去做自己感兴趣的事。

接受低薪，有时是因为员工有更长远的打算，他们会根据公司的发展状况决定是否继续在公司工作下去。还有就是他们一路陪着公司成长，即使公司目前有一些小问题，也愿意继续帮助公司慢慢变好。每个人的选择都不一样，前提是自己愿意。对于HR来说，如果暂时无法为员工提供高薪，那就从其他方面补足员工，为员工创造愿意留下来的条件。

13.3.2 打造薪酬体系，要遵循原则

HR在打造薪酬体系时，要注意三大事项：对外有竞争力、对内有公平性、对个体有激励性。这三大事项可以细分为如下五大原则。

1.战略导向原则

合理的薪酬体系能够提升员工的工作效率，促进公司不断发展，同时也能抑制、消退、去除不利于公司发展的因素。HR在设计薪酬时，要从战略角度分析影响公司发展的因素，并通过合理的价值标准对这些因素进行比较和衡量，并在此基础上制定薪酬标准。

2.体现价值原则

人力资源管理必须有解决公司三大基本矛盾的能力，即人力资源管理与发展战略之间的矛盾、公司发展与员工发展之间的矛盾、员工价值创造与员

工待遇之间的矛盾。所以，HR在进行薪酬体系设计时，必须以员工的价值为依据，让员工发展与公司发展达到一种协调的状态，实现员工创造和员工待遇之间的短期和长期平衡。

3.激励作用原则

同样是15万元/年的薪酬，HR可以有两种支付方式：一种是6万元基本工资和9万元奖金；另一种是9万元基本工资和6万元奖金。这两种方式的激励效果有很大区别。激励作用原则强调HR要充分考虑薪酬分配模式对员工的激励作用，详细来说，HR在设计薪酬体系时要考虑多方面因素，让公司支付的薪酬能够获得最大的激励效果。

4.相对公平原则

相对公平原则包含三个方面：第一方面是横向公平，即员工的薪酬标准、尺度应该保持一致；第二方面是纵向公平，即员工的薪酬水平在正常情况下应该是不断增加，而不是下降的；第三方面是外部公平，即公司的薪酬水平应该和同行业的同类人才保持一致。

5.外部竞争原则

外部竞争原则要求HR充分考虑同行业的薪酬水平以及竞争对手的薪酬水平，设计具有一定市场竞争力的薪酬，帮助公司留住更多人才，并吸引新人才。

薪酬是对员工工作的肯定，对公司的长久发展有十分重要的作用。因此，HR应该充分重视薪酬体系设计的重要性，基于员工的岗位价值，对其所做的贡献给予相应的回报。

13.3.3 设计清晰可见的薪酬发展道路

设计清晰可见的薪酬发展道路，对提高员工的工作热情有重要作用。那么，如何设计可见的薪酬发展道路呢？下面从一个具体案例入手进行分析。

天津有一家电子元器件生产公司，成立之初，该公司负责人马经理以为很快就能赚取丰厚的利润，但公司成立两年了，发展规模与经济收益还是没有太大起色。经过与HR王颖约谈，马经理终于了解了公司发展缓慢的原因。

原来很多员工都认为当前的薪酬水平无法满足自己的生活需求，且看不到未来的薪酬发展前景，因此工作积极性不高，进而影响了公司的整体业绩。针对这一现象，马经理立即安排王颖制定相关的应对措施，确保员工的薪酬发展道路畅通无阻。

王颖制定的具体措施有：分解年度经营目标，明确各岗位的工作职责和任职要求，据此制定明确的薪酬标准；完善公司的薪酬体系，保证员工的薪酬水平与福利待遇；针对不同的岗位，为员工设计合适的薪酬发展道路等。在这些措施的助力下，员工的工作积极性明显提高，公司的生产效率也得到了提升，发展前景一片大好。

从上述案例中，HR可以简单分析出设计薪酬发展道路的方法。

（1）制定明确的薪酬基础标准。HR需要将年度经营活动进行分解，明确各岗位的工作职责和任职要求，然后按照该岗位的任职要求招聘员工，员工根据该岗位的工作职责进行工作。岗位职责的确定及公司对岗位的任职要求融合在一起，是HR制定薪酬的基础和标准。

（2）制定完善的薪酬体系。完善的薪酬体系会为员工的发展方向提供指引，推动薪酬水平不断上升。完善的薪酬体系一般包括员工的固定薪酬、绩效薪酬、福利、补贴等，有利于促进员工的工作热情和积极性。

（3）因岗位而异进行薪酬设计。公司内部往往有多个岗位，如技术岗位、管理岗位等，岗位不同，薪酬发展道路也不同。公司要根据不同的岗位进行薪酬发展道路设计。HR应该熟悉不同岗位的职业发展规划，完善员工培训制度，为员工提供加强和完善技能的机会。技能的提高会推动员工业绩的上升，进而促进员工薪级和职级的提升。

清晰可见的薪酬发展道路可以使员工明确如何使自己的发展适应公司的发展，从而确保员工的工作积极性，使员工为公司创造更丰厚的利润。

第 14 章

薪酬结构设计：
打造最优薪酬组合

对于HR来说，掌握与薪酬结构相关的知识和必备技能是非常重要的。但要把薪酬结构设计好并不是一件容易的事，HR要做好充分准备，以自信的状态迎接挑战。

14.1 如何设计薪酬结构

薪酬结构既可以决定薪酬数额，还可以体现公司的薪酬战略和薪酬的发展趋势。在设计薪酬结构时，HR要尽量保证三个公平，即对公司公平、对员工公平、对外部其他公司公平。

14.1.1 薪酬的组成部分

薪酬的组成即员工的薪酬都由哪几部分内容组成。通常员工的薪酬包括内在报酬和外在报酬两大部分，具体分布如图14-1所示。

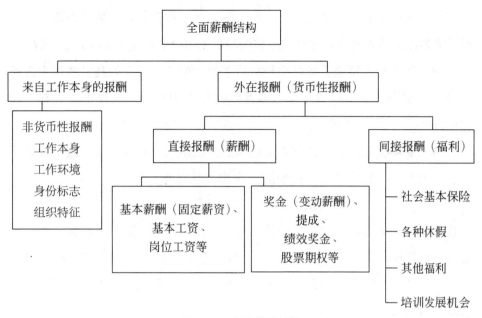

图14-1　全面薪酬结构

腾讯是一家非常具有代表性的互联网公司，在薪酬结构设计方面颇有建树。那么，腾讯的薪酬结构是怎样的呢？主要包括以下几个部分，如图14-2所示。

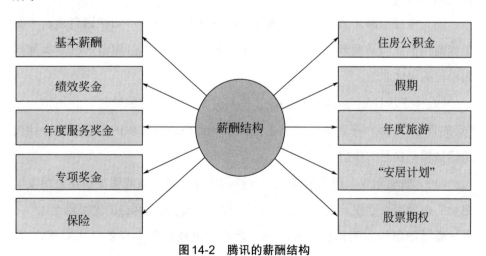

图14-2　腾讯的薪酬结构

（1）基本薪酬。腾讯会定期调查市场薪酬水平，并在此基础上为员工设计基本薪酬。

（2）绩效奖金。年度考核结束后，腾讯会根据自身盈利情况以及员工的绩效表现发放绩效奖金。通常绩效奖金与员工的绩效表现及贡献大小挂钩。

（3）年度服务奖金。腾讯会根据员工当年的工作情况为其发放年度服务奖金。该奖金的基本形式是年底双薪，即每年的最后一个月可以拿到双倍薪酬。

（4）专项奖金。为了让有杰出贡献的员工得到应有的回报，腾讯设计了一些专项奖金，如"星级员工奖金""突出贡献奖金"等。

（5）保险。腾讯为员工提供所有法定保险，包括养老保险、医疗保险、工伤保险、失业保险、生育保险等。除了法定保险外，腾讯还准备了团体商业补充医疗保险、意外伤害保险、重大疾病保险、定期人寿保险等额外保险。

（6）住房公积金。腾讯会帮助员工缴纳住房公积金，员工可以用于购买住房、翻建或大修住房等。

（7）假期。腾讯为员工提供法定假期，如双休、带薪年假、带薪病假、婚假、丧假、产假、陪产假、哺乳假、年休假等。此外，如果员工符合休假条件，还可以获得额外休假，包括年休假、事假、流产假、派驻假、未出勤假、调休假等。

（8）年度旅游。为了增强凝聚力、提升整体气氛、推动和谐自由、平衡工作与生活，腾讯将年度旅游纳入薪酬结构。腾讯的年度旅游形式是以部门为单位的集体旅游。

（9）"安居计划"。为了帮助员工早日完成安居乐业的梦想，腾讯推出了"安居计划"，即为符合条件的员工提供第一套住房首付款的无息贷款，让员工尽快拥有自己的住房。

（10）股票期权。腾讯为绩效表现持续优秀，并希望能够长期在公司发展的员工提供股票期权，以实现员工个人利益与公司长远利益的完美结合。

通过腾讯的薪酬结构不难看出，薪酬的组成部分十分多样。与此同时，补偿薪酬的形式也可以不断拓宽，如保险、年度旅游、"安居计划"等。所以，公司在设计薪酬结构时，不要只局限于津贴等传统形式，必要时还是要积极创新。

14.1.2　设计薪酬结构的4个步骤

薪酬结构设计是一项必不可少的工作，也是令大部分HR头疼的难题。下面就来详细说说薪酬结构设计的五个步骤。

第一步：进行岗位价值评估。

岗位价值是影响薪酬结构设计的基础因素，也是HR确定薪级、奖金分配、薪酬涨幅等的重要依据。HR需要对岗位价值进行评估，方法如下。

（1）分类法。首先根据任职资格、工作内容、责任、权力、贡献等要素将岗位划分为不同种类，如管理类岗位、事务类岗位、营销类岗位、技术类岗位等；其次确定每类岗位的价值范围，再根据价值范围进行层级划分；最后分析出每类岗位的具体价值和薪酬结构。

（2）排序法。在各岗位之间进行重要程度对比，根据重要程度对各岗位进行层级划分。这种方法可以分析出每个岗位的大致价值，然后以此为依据进行薪酬结构设计。

（3）评分法。首先确定岗位评价要素，如责任、权力、工作难易程度、创造价值高低等；其次给予这些要素一定的权重，并根据权重为各岗位设定分数；最后按照分数为各岗位的价值排序，然后划分相应的薪级。有了岗位价值评估，薪酬结构就可以更公平，也能很好地给予员工同等价值的回报。

第二步：确定薪酬的最大值和最小值。

根据外部薪酬调查结果，结合公司的实际情况，HR可以确定薪酬的最大值和最小值。在确定薪酬数值的过程中，HR要考虑到地区、行业人才供求情况的影响，还要对薪酬水平的未来走向做出判断，保证在一定时间内，薪酬水平不会超出预判范围。

第三步：设置薪酬、职等数量。

HR要把不同的岗位分为不同的等级，比较合适的做法是把工作情况相近的岗位归类到同一个等级。另外，公司的组织架构和规模、工作难度以及工作性质、公司所采用的薪酬策略等也会影响职等数量。举例来说，公司的规模越大，岗位等级会越多，薪级也相应地要多一些；工作难度大、工作性质差异程度高的岗位，就需要设置更多等级。

第四步：确定各职等的薪酬中位值和薪酬增长率。

确定好职等数量后，HR就可以根据图14-3中的薪酬政策线，确定各职等的薪酬中位线。其实HR还可以根据一些有代表性的薪酬数据，再与薪酬策略、岗位评价等情况结合在一起，确定各职等的薪酬中位线，接着再计算各职等的薪酬增长率。

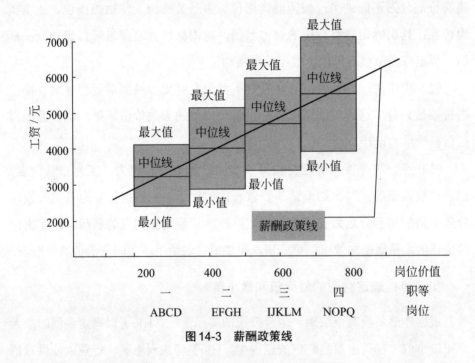

图14-3　薪酬政策线

第五步：确定薪酬幅度及薪级差别。

因为一个职等会包括许多不同的岗位，还要保证各岗位的薪酬有提高的空间。所以，薪酬幅度不能过大或者过小，只要能满足薪酬提高的需求就可以。一般衡量公司的薪酬幅度是不是合理需要用到薪酬变动比率。

薪酬变动比率＝（最高薪酬－最低薪酬）÷最低薪酬×100%

其中，最高薪酬＝中位薪酬÷（1+薪酬变动比率÷2）×（1+薪酬变动比率）

最低薪酬＝中位薪酬÷（1+薪酬变动比率÷2）

中位薪酬＝（最高薪酬+最低薪酬）÷2

最高薪酬和最低薪酬有了具体的数值后，各职等和薪级之间的薪酬差别就显现出来了。薪酬差别可以按照等比设计，也可以按照等差设计。按照等比设计出来的薪酬差别通常是5% ～ 10%；按照等差设计出来的薪酬差别通常是15% ～ 20%

上述内容展示了薪酬结构设计的步骤，HR在设计薪酬结构时可以按照这些步骤进行。

14.1.3 在薪酬结构设计中会出现哪些问题

有些公司，尤其是销售类公司为了节省时间，会直接要求HR使用纯提成模式（提成制薪酬），即薪酬结构只由提成这一个部分组成，而且这部分薪酬还是浮动的。虽然提成制薪酬操作起来非常简单，但却是问题最大的一个薪酬结构。

本小节就为HR介绍提成制薪酬所面临的问题，并帮助HR解决这些问题。

1.只看结果，不管过程

提成制薪酬面临的最主要也最普遍的问题是只注重绩效结果。即绩效结果好的员工就可以获得高提成，而那些绩效结果差的员工只能获得低提成。久而久之，员工可能会为了提高绩效结果走上不正确的道路，做出影响公司效益的事。

2.只注重业绩，忽略其他因素

在实施提成制薪酬的过程中，HR很容易出现过于注重业绩的问题，对员工的贡献和价值考虑得非常少，导致有些员工拿到了非常高的提成，而其他员工拿到的提成比较少。长此以往，就会影响员工间的团结和公司的稳定。

3.忽视差异，进行无差别对待

随着公司的不断发展，其规模会越来越大、经济实力也会越来越强，因此，HR要考虑以上种种因素，尽可能设置出一个合适的提成比例。但从现在的情况来看，大部分HR都是采取无差别对待方式，即工作种类不同，提成比例却相同；工作难度不同，提成比例也是相同的；工作周期不同，提成比例还是相同的。这会引起员工之间的不满与矛盾。

HR应该如何解决这些问题呢？又应该如何制定一份合理的提成制薪酬方案呢？关键在于将绩效、业绩、职级这三个方面都考虑到，并掌握以下几个关键点。

（1）兼顾工作过程和结果。HR可以制定完善的提成方案，做到高标准、严要求，不仅要加强对绩效结果的重视，还要对工作过程进行更严格的管理和监督，将那些为了获得高提成而产生的投机取巧行为"扼杀在摇篮里"，激励员工在工作过程中充分创造价值，为公司做贡献。

（2）根据不同的工作情况设置不同的提成。HR应该为不同的部门、岗位、员工设置不同的考核标准和提成比例。例如，某些部门虽然现在不能为公司做出很大贡献，但这些部门是公司发展战略中的重点部门，就要适当提高提成，而那些对公司发展没有太大作用的岗位，则应该设置相对较低的提成。

（3）综合考虑各个方面。现在大部分公司采取的都是业绩导向型提成方案，这是不合理的。HR应该从业绩、绩效、职级三个方面来进行综合考虑，再确定提成方案。这样可以更好地拉开各员工之间差距，而且还可以保障差距的合理性，避免因为差距过大造成员工矛盾。

（4）在公司战略的基础上设置提成。员工的工作行为应该和公司的发展战略一致。所以，HR在确定提成时，就要有分解发展战略的意识，即把发展战略分解到员工的绩效上，实现公司对其工作行为的有效指引。例如，公司未来的重点战略是推广某款新产品，那HR就要加重对该产品的考核权重，让员工的工作重心放到销售该产品上，从而达到推广该产品的目的。

14.2 薪酬固浮比设计技巧

薪酬固浮比指固定薪酬与浮动薪酬之间的比例，通常员工的级别越高，其浮动薪酬所占比例越大，如中高层管理者的浮动薪酬应该高于员工。当然，浮动薪酬所占比例越大，激励强度也越大，员工面临的薪酬风险就越大。

14.2.1 常见的固浮比模式有哪些

固浮比模式体现了固定薪酬和浮动薪酬应该各占多少比例，通常固浮比差距比较大的薪酬结构更适合管理者，而固浮比差距较小的薪酬结构更适合员工。目前比较常见的固浮比模式有三种：激励效果非常好的高弹性模式、稳定效果非常好的稳定模式、既能激励又比较稳定的调和模式。将这三种模式铭记于心对HR设计薪酬结构是非常有利的。

1.高弹性模式

大学毕业后，王亮去了一家规模不是很大的互联网程序开发公司，每个月的固定工资是5000元。刚入职时，他干劲十足，但工作了一段时间，他就变得越来越懈怠。因为每天的工作量是一定的，起初他确实需要多花费一些精力才可以完成工作，但当他对工作越来越熟练后，他的工作效率不断提高，每天不用花费很多精力就可以把工作做好。

于是，在一些老员工的提醒下，王亮改变了工作模式。他每天只要把固定的工作做完，就会做一些自己喜欢的事情打发时间，一直到下班。实际上，不只是王亮，公司中还有很多这样的员工。他们有的还在原来的岗位，因为觉得工作轻松而且没有压力；有的则认为还是应该为自己的未来做打算，便辞职去寻找更能激发自己创造力的工作。

实际上，王亮之所以会变得懈怠，工作性质只是一个表层原因，更深层次的原因应该是薪酬结构不合理。因为每个员工在岗位上只要经过一段时间的训练，对工作的熟悉程度就可以有大幅度提高，每天的工作效率也可以迅速提升。但当员工发现自己每天多做的工作对薪酬并没有太大影响时，就会缺乏动力，转而选择"磨洋工"的工作方式。从人之常情的那一面去考虑，绝大多数员工还是希望自己的付出能与回报相符。

HR要想有效解决员工懈怠的问题，就要对固浮比模式进行调整，调整的方法就是把薪酬结构的弹性增强，例如，在固定工资之外提高绩效薪酬、奖金、补贴等的比例。

2.稳定模式

张爽曾经在上海的一家房地产公司做销售，当时公司为他提供的固定工资是3500元，每销售一套房子给他千分之三的提成。也就是说，销售一套价值500万元的房子，他的提成是1.5万元。在上海这样的一线城市，房子的价格普遍比较高，所以入职前，他还非常高兴，认为自己一个月销售出去一套房子应该非常简单。

无奈两个多月过后，张爽一套房子都没有销售出去，而有些员工却已经拿到了几万元甚至十几万元的提成，这让他感到非常慌张。于是，他表示自己会在公司再工作一个月，如果薪酬依然没有什么变化，就辞职去一家固定工资高一些的公司。

其实在保险、汽车，甚至课程等销售领域，张爽这样的员工比较常见。他们往往会因为与处在同一个岗位层级的员工拿着不同的薪酬而感到不满，从而选择辞职。对于公司而言，员工流动性太强，会严重影响到自身正常运营。于是，为了缓解这种情况，留住更多员工，有些HR会提高固定工资的比例，降低浮动工资的比例。

当然，那些适用于高弹性模式的公司也会适当地增加薪酬结构的稳定性，而一些公司本身就更适用于稳定模式。因为高弹性模式的主要目的是激励员工，提升工作效率，所以会在一定程度上增加公司的财务负担。而有的公司已经到了比较稳定的状态，或者公司的业务大多是事务性的，这样的公司就适用稳定的固浮比模式。

3.调和模式

从目前的情况来看，大多数员工的固浮比都处在高弹性模式和稳定模式之间。例如，在郑州一家公司做HR的张明，其薪酬结构就是固定工资加绩效工资（以招聘人员的数量和质量来决定具体的金额），不仅如此，公司还会根据他的出差频率和出差距离为他提供一定的食宿和用餐补贴。还有一些做职能工作的员工，如行政总监、审核编辑、文案策划等，他们的薪酬模式也都是固定工资加上浮动工资的调和模式。

HR在选择合适的固浮比模式时，仍然要根据公司的实际情况和发展战略来决定。例如，有些公司处在高速发展阶段，主要岗位的性质也比较特殊（如销售岗位），需要依靠浮动工资来最大限度地激励员工，这时HR就应该选择高弹性的固浮比模式。

但如果公司规模一般，业务范围比较窄，或者主要岗位的性质非常普通（如一般行政岗或管理岗），那稳定的固浮比模式比较适用。如果公司处在平稳发展期，市场需求在稳步增长，出于稳定性方面的考虑，带有调和性质的固浮比模式就非常适用。

14.2.2　影响固浮比的因素

在设计固浮比时，了解固浮比的影响因素很重要。HR如果没有掌握这方面的知识，就很难为员工设计出合理的薪酬结构。本小节将影响固浮比的因素罗列出来进行讲解。

1.员工在工作中付出的劳动

众所周知，我们国家的分配政策是以按劳分配为主体的。所以，在大多数情况下，固浮比都会被员工的劳动量影响。这里包含着两层含义。

第一点：员工必须为公司做出相应的劳动，才可以得到应有的薪酬。

第二点：每位员工的劳动能力是有区别的，在劳动时间相同的情况下，他们可以做出的实际劳动量就有区别。这样会导致每位员工的薪酬是不同的，同时也会影响固浮比。

2.员工在公司的职位

员工的职位不同，所承担的责任也不同。一般来说，职位高的人拥有较大权力，承担的责任比较大，获得的固定薪酬和浮动薪酬就都比较高。例如，经理的某些重要决策和判断，可以对产品的销售、名声、效益等方面产生影响。因此，HR要发放与他们责任相符的薪酬。

3.公司的经济能力

公司经济能力的大小，实际上也就是公司效益的好坏。有的公司效益好，员工的固定薪酬就会超过同行业的薪酬水平。而有的公司效益差，员工的固定薪酬可能就会低于同行业的薪酬水平。效益差的公司可以适当提升浮动薪酬的比例，以进一步激发员工的工作动力。

4.员工的经验

员工的薪酬往往是和他们的销售经验相关的，经验越丰富，固浮比可能就越高。这不仅可以体现出薪酬的公平性，还可以促使员工不断提高自己的综合能力。

5.员工的学历

在设计固浮比时，HR要考虑员工的学历，这不仅是对他们教育投资的回报，还可以反映出公司对受教育程度的重视，以及对他们知识和素质的认可。

6.在公司工作的时间

按照工作时间的长短来确定员工的固浮比，不仅可以稳定整个销售团队、减少人员流动的成本，还可以提高他们对公司的忠心程度。

7.行业整体情况

不同行业的员工，固浮比也是不同的。例如，目前销售类行业，包括房地产销售行业、服装销售行业、药物销售行业等，以及现在比较火爆的直播带货行业，员工收入通常会有较高的固浮比。因为在这些行业中，公司的生存与发展往往与员工的绩效息息相关。HR需要设计较高的固浮比来让员工更有动力销售产品，从而为公司创造更丰厚的效益。

以上都是对固浮比产生影响的重要因素，HR在确定员工的固浮比时，要将这些因素都考虑到。如果漏掉了某个因素，则可能对固浮比的合理性和激励性产生影响。

14.2.3　服装销售公司的薪酬结构设计

上海有一家服装销售公司，该公司的经营管理模式一向为人称道，所有去过该公司的顾客都会对员工的工作热情和服务态度印象深刻。那么，该公司是通过什么方法成功打造这样一批优秀员工的呢？关键就在于公司会根据绩效考核设计薪酬结构。

与其他公司的绩效考核相比，该公司的绩效考核使用了过程法和五色卡标准法。该公司把门店的服务过程分为五个部分，分别对应不同的颜色，每个部分也都有着明确的量化标准，非常容易考核。例如，对于"服务"这一项，该公司选择了"为客人选择合适服装的速度""结账速度""处理客人投诉的速度"等几项可以量化的指标。

制定好标准后，该公司的考核方法也在逐渐完善。这体现在该公司的薪酬制度发展上。该公司的薪酬制度发展主要有以下四个阶段。

第一阶段：工资＋奖金。

这一阶段是最初的阶段，该公司还没有完善的绩效考核手段，员工的薪酬只由工资和奖金两部分构成。这种薪酬结构的激励作用比较差，容易导致"大锅饭"现象。

第二阶段：固定工资＋绩效工资。

随着绩效考核越来越成熟，该公司将员工的薪酬变成"固定工资＋绩效工资"模式。

第三阶段：固定工资+绩效工资+效益分红。

为了进一步激励员工，该公司拿出了一部分盈利，给绩效成绩优秀的员工作为分红奖励，而那些绩效成绩不佳的员工则没有分红。

第四阶段：计件工资。

到了第四阶段，该公司实施计件工资制度，即按照工作量发放工资，这也是符合该公司的实际情况的。在没有实施计件工资制度时，员工都有各自的工作编制，容易出现一个环节的员工忙不过来，而另一个环节的员工无事可做的情况。为了解决这个问题，该公司的HR决定撤销固定编制，让店长根据实际情况制定人员编制，工资也按照最终的工作量发放。

这样一来，员工的工作效率和收入都得到了提高。举例来说，该公司位于西安的一家服装门店在实行计件工资制度后，员工引导客人的速度大大提高，不论客人什么时候来，都有员工等着去为客人服务。这样门店的服务得到了提升，员工的收入也得到了提升。

经过不断探索与发展，该公司已经形成了考核体系与薪酬、福利等紧密结合的收入结构。当然，这种做法也为该公司的不断发展做出了巨大贡献。

第 15 章

薪酬激励机制：
付出多回报就高

制定薪酬激励机制的目的是激励员工，促使其工作效率不断提升，从而更快地实现公司的发展目标。发放福利、员工持股、在职分红等都是比较常用的薪酬激励机制。

15.1　福利设计：让员工充满安全感

恰当的福利设计可以有效提高员工的幸福感，促进文化和价值观的形成，加强公司的人才竞争力。本节就对福利设计的相关内容进行分析与讲解。

15.1.1　传统福利设计的痛点

随着社会的不断进步，员工的需求也变得更多样。如果 HR 在进行薪酬设计时只关注基本工资、绩效工资、奖金，而没有真正为员工谋福利，那就很难得到员工的认可。但现在很多HR在福利设计方面还存在痛点，如果不把这些痛点消除，那福利设计就无法有好的效果。

1.没有意识到福利设计的重要性

HR如果没有对福利设计的作用予以重视，那很可能会导致人工成本升高，也无法使福利发挥其应有的激励价值。HR应该将福利看作薪酬体系的一种补充，要结合公司的发展战略及员工的实际需求对其进行设计，从而进一步完善人力资源管理体系。

2.福利项目单一

单一的福利项目无法满足员工的个性化需求，这就要求HR从多个方面入手实现福利项目的多样化。福利项目主要分为法定福利和补充福利。

法定福利是法律规定公司必须有的福利项目，即"五险一金"，包括养老保险、失业保险、医疗保险、工伤保险、生育保险及住房公积金。法定福利需要公司和员工共同承担，具体费用可以根据各地政策按照比例缴纳。补充福利是根据各公司的实际情况自行设计的福利项目。表15-1是一些比较常见的补充福利项目，HR在进行福利设计时可以参考和借鉴。

表15-1　常见的公司补充福利一览表

序号	类别	公司补充福利	备注
1	补充保险	补充医疗保险	
2		综合意外伤害保险	
3		年金计划	
4		家庭保险	
5	住房计划	补充住房公积金	
6		购房无息贷款或贷款贴息	包括购房借款
7		住房补贴	
8		宿舍	
9	交通计划	交通补贴	
10		私车公用补贴	

序号	类别	公司补充福利	备注
11	交通计划	购车补贴	
12		公车	
13		班车	
14	餐饮计划	餐费补贴	
15		免费食品	
16		内部食堂	
17		协议餐厅	
18	员工休息休假	带薪休假	
19		节日慰问金或礼品	
20		疗养	
21		弹性工作时间	
22		在家办公	
23	员工个人成长	员工内部培训	包括公司内部大学
24		员工送外培训	
25		学费资助	
26		定期轮岗	
27	员工身心关怀	员工体检	
28		员工活动	
29		带薪旅游	
30		员工心理辅导	
31	其他	手机通信费补贴	
32		年资补贴	
33		生日慰问	
34		儿童托管中心	

3.缺乏激励性

好的福利设计能够增强员工的积极性和凝聚力，但有很多HR将福利设计流于形式，未能发挥其应有的激励作用。例如，某公司每年中秋节都会给员工发放月饼和牛奶以庆祝节日，但员工对此已经形成了习惯，这样的福利就无法起到激励员工的作用。而免费工作餐、交通费、住房补贴等福利可以更好地激励员工。

需要注意的是，为了让员工在工作上有更好的成绩，HR应该对工作表现和绩效结果不同的员工设置不同的福利，以激励整个团队奋发向上。

15.1.2　现代化福利方案：弹性福利制度

与传统福利制度不同，弹性福利制度比较灵活。在弹性福利制度下，员工可以根据自身需求和偏好，自主地选择不同的福利项目。通常弹性福利制度可以分为以下五种。

（1）附加型福利制度应用最广泛，即在公司现有福利项目之外，提升福利水平，或者增加不同的福利项目，供员工选择。

（2）"核心+选择"型福利制度。所谓"核心"是指基本福利，即每位员工都有的福利；"选择"是指在基本福利的基础上设计其他福利，这些福利不是每位员工都有的。

（3）弹性支用账户是由员工将自己税前总收入的一部分单独拿出来，建立一个支用账户，然后用这个账户里的钱购买公司提供的各种福利项目。

（4）套餐型福利制度即公司推出不同的福利项目，员工根据需求自由组合成套餐。

（5）"选高择低"型福利制度是对原有福利进行规划和调整，形成几种不同的福利组合让员工选择。这些福利组合与原有福利相比，价值有高有低。如果员工选择了价值较高的福利组合，则需补齐中间差价，反之则由公司为其支付相应的差额。

每家公司的情况各不相同，HR应该在深入了解公司的情况下选择合适的弹性福利制度。另外，HR在设计弹性福利制度时还应该注意以下三个要点。

（1）控制总成本。不同员工有不同需求，为了控制总成本，HR需要在设计弹性福利制度前充分调查员工的需求。比较好的做法是针对多数员工存在的需求设计福利项目，而不提供仅有少数员工会选择的福利项目。

（2）提高员工行为可控性。在实施弹性福利制度的过程中，非常容易出现的一个问题是员工做"逆向选择"，即选择与自己容易出现的问题相对应的福利项目。例如，有离职意图的员工更倾向于选择与离职消费相关的福利项目。这种行为不仅增加了公司的管理成本，也违背了公司引进弹性福利制度的初衷，很可能会让公司在福利管理中陷入被动地位。HR可以按照统一标准为员工提供福利项目，同时在一些成本比较低的福利项目上给予员工一定的选择余地。

（3）动态调整弹性福利制度。为了保持弹性福利制度对员工的激励性，HR需要随时进行内外部相关福利情况的分析和调查，并对现有弹性福利制度进行适当优化和调整。

在设计弹性福利制度的过程中，HR需要与员工保持良好的沟通，及时了解员工的需求及其对弹性福利制度的意见和建议，以达到公司与员工双方都满意的结果。

15.1.3　上海贝尔的福利方案设计

上海贝尔股份有限公司（以下简称贝尔）于1984年成立，在我国现代通信领域有着非常重要的地位。在人力资源管理方面，贝尔有一套独特的激励性福利制度，该福利制度可以保持核心团队的稳定性。贝尔的福利制度主要包括以下几个重点。

（1）将福利与员工的绩效挂钩，即高绩效员工可以获得高福利。

（2）注重人才的能力提升，鼓励员工持续发展，将培训作为福利的一部分。

（3）确保福利紧密贴合员工的实际需求，例如，为有住房压力的员工提供无息贷款购房等福利项目，这样可以更好地提升员工的忠诚度。

（4）员工发展与国际接轨，坚持为员工提供广阔的发展空间。

现在福利制度已经演变为一种长期的人才投资，最终目的是保持公司的核心竞争力，从而促进公司不断发展。贝尔设计的福利制度不仅在物质上为员工提供了有力支持，也注重员工的长期发展及精神文明建设，使员工利益与公司利益紧密融合，有利于公司留住更多人才。

15.2 中长期激励策略：打持久战

有些公司对自己的生命周期很有把握，便想打"持久战"，即采取中长期激励策略，如员工持股、分享超额利润等。这样可以持久地激发员工的积极性，使员工的工作热情更高涨。

15.2.1 员工持股其实是可行的

员工持股是指为了对员工进行中长期激励，由股东将自己所持部分股份拿出，一次性或分几次赠予员工。公司在对员工进行股份赠予时会提出一些附加条件，如要求员工完成规定的工作目标、在公司工作一定的年限等。这里所说的股份可以分为三类：干股、实股、虚拟股。

严格来讲，干股不是一个法律概念。它通常会出现在民营公司中，是指某人未出资而获得的股份。持有干股的人虽然享受这部分股份的红利，但对公司不具有实际控制权。

实股是通常意义上的股票，即经过了工商注册的股份，此类股份需要员工实际出资才能获得。实股可以转让，而转让过程就是公司获得新股东的过程。在进行实股激励时，公司往往会将股票打折出售给员工，或以定向增发的方式将股票授予员工，让员工获利。

虚拟股是不具备投票权的股份。当公司通过虚拟股激励员工时，员工可以获得相应的分红与股价升值收益，但不享有股票的所有权，也没有表决权，而且不可以对这些股票进行转让和出售。如果员工离开公司，则这些股权自动失效。

干股、实股、虚拟股在激励上各有特点，适合公司的不同发展阶段。上海市有一家连锁餐饮公司，HR张薇薇在不同发展阶段使用了不同的激励手段。

在创业初期，张薇薇通过员工持股的方式激励员工提升业绩，从而加快公司发展。但因为此阶段管理制度不健全，公司未来的盈利情况也不明确，员工对出资购买股票显然会有顾虑。于是，张薇薇选择了干股，即员工不出资就可以获得一部分股票。此后员工从"拿工资的打工者"变成"拥有干股的经营者"，工作质量迅速上升，公司的业绩也明显提升。

经过一段时间的发展，公司的规模不断扩大，张薇薇决定尝试使用发放虚拟股的方式激励员工。张薇薇给予新店店长3%的虚拟股，使其在年底绩效考核后可以按照此比例获得分红。此举迅速燃起了店长的工作激情，也激发了其他员工力争上游、成为店长的好胜心理。

在看见了虚拟股带来的成果后，张薇薇也认识到虚拟股激励的短板——未给予员工真正的表决权等股东权利。为了避免这一短板带来的人才流失隐患，张薇薇决定和一些表现突出的员工签订合同，约定绩效考核合格并和公司续约三年即可将虚拟股权转化为实股。

在实行实股激励后，很多想自己创业的员工放弃了创业想法，将自己手里的虚拟股变成实股，成为公司的"小老板"。没多久，一些表现优秀的员工都接受了续签劳动合同以获得实股的方案。这样张薇薇就解决了人才流失问题，新人培养成本也得以控制。

从张薇薇的激励案例可以看出，在不同发展阶段，HR可以灵活地通过干股、实股、虚拟等方式激励员工，以达到最佳激励效果。

15.2.2　在职分红激励

在职分红激励是公司对核心管理人才、技术骨干等关键员工进行激励的一种方法。需要注意的是，他们只有在自己的岗位任职，才能享受相应的在职分红激励。而一旦他们升职（或降职、离职），分红也会随之增加（或减少、取消）。

另外，享受在职分红激励的员工应该是其他员工都争相效仿的榜样，他们还要认可并严格践行公司的价值观。有些员工能力很强，但不认可公司的价值观，他们就不适合享受在职分红激励，否则很可能对其他员工产生负面影响。

还有就是要考虑道德方面的因素。一家公司如果有向善、敬业的文化氛围，就会形成一种全员向上的发展动力。从这个角度来看，HR要让人品好、自觉遵纪守规、主动接受监督、踏实工作、勇于担当、愿意奉献的明星员工享受在职分红激励。

了解了在职分红激励的适用对象，接下来就需要掌握在职分红激励的操作重点。假设某公司某年的利润是200万元，注册资金是50万元，股票是100万股，则这100万股股票全部属于注册股东。如果公司决定用20万股股票做在职分红，那总股数就变成100万+20万=120万股，则原始股东所占比例为83.3%，在职股东所占比例为16.7%。

200万元的利润就按照上述比例进行分配，即原始股东得166.6万元，在职股东得33.4万元。如果公司需要预留一部分发展基金，例如，要预留30%的发展基金即60万元，则在这200万元里扣除发展基金后再按照两方的比例进行利润分配。

在职分红激励作为一种激励方式，要有相应的考核机制，否则很可能就是"排排坐，分果果"的效果，完全起不到激励作用。HR必须知道，在职分红激励要以科学、合理的考核为前提，只有那些达到公司要求的员工才可以获得在职分红激励的资格。

15.2.3 超额利润激励

超额利润激励是为员工设定相关的利润目标，如果他们超额完成，则对超额部分按照一定的比例进行分红激励。因为超额利润激励的激励力度比较大，所以员工的工作热情也会更高，甚至会想方设法帮助公司节省成本、增加利润。

实施超额利润激励的重点有两个：设定利润目标、明确超额激励比例。

1.设定利润目标

设定利润目标首先要考虑的是无风险利率和公司增长比例。无风险利率是一个理想利率，代表公司将资金投入一个没有任何风险的项目最终获得的利息。HR将无风险利率设定为6%～8%是比较合适的。公司增长比例由高管和老板经过沟通后确定，由于这是一个累乘的过程，所以一个较小的增长比例就可能给公司带来很大的回报。

了解了无风险利率和公司增长比例，HR就可以给出设定利润目标的公式了，即利润目标=前一年的利润×（1+无风险利率）×（1+公司增长比例）。例如，某公司某年的利润目标为500万元，最后不仅达到了目标，还有一定的超额部分，公司决定从第二年起采用超额利润激励的方式激励员工。如果设定无风险利率为6%，公司发展的增长比例为30%，那么第二年公司的利润目标就应设为：500万元×（1+6%）×（1+30%）=689万元。

2.明确超额激励比例

超额激励比例是超额利润占利润目标的比例。假设上文中公司第二年的实际利润为889万元，超额激励比例就是（889-689）/689×100%=29%。在设定超额激励比例时，HR可以遵循阶梯状边际效应递增法则，即超额利润越高，超额激励比例就越高。

表15-2是某公司HR制定的超额激励比例。

表15-2　超额利润与超额激励比例对应表

超额利润比例	超额激励比例
0＜超额利润比例≤25%	奖励超额部分的15%
25%＜超额利润比例≤50%	奖励超额部分的20%
50%＜超额利润比例	奖励超额部分的35%

需要强调的是，超额利润激励的激励作用比较强，可能会让公司的利润目标提前完成。还以上文提到的公司为例，该公司第三年的利润目标是1089万元，假设第四年的利润目标是1500万元，很有可能员工在第三年就完成了

1500万元的利润目标。此时HR不需要调整第四年的利润目标，因为利润目标应该有一定的稳定性。如果HR随意变动利润目标，不仅会伤害员工的积极性，还会影响公司在员工中的形象。这显然不利于公司的长久发展。

15.2.4　招商银行：重磅推出限制性股票激励

招商银行是著名的股份制商业银行，拥有雄厚的经济实力，自1987年成立至今，规模不断壮大，影响力也不断增强。为了激励员工，让员工以更饱满的状态工作，招商银行重磅推出限制性股票激励计划。该计划主要针对的是对公司发展有重要作用的核心员工，他们需要先通过董事会及高层管理者的评定，评定合格后才可以获得公司定向发行的限制性股票。

招商银行规定限制性股票的有效期为10年，禁售期为5年。在解除禁售期后的5年内，员工可以分5次进行授权申请，每次解禁的限制性股票为员工个人所持股票的20%。在禁售期内，员工要想获得收益，必须完成公司规定的业绩目标。未在规定期限内完成考核任务的员工，则无法获得对应年限的股票及相关权益，该部分股票由公司进行回购。

可以看出，招商银行的限制性股票激励计划充分发挥了激励员工与约束员工的双重效用。通过设置禁售期与分期解禁方案，可以有效约束员工的离职行为，从而为公司保留核心人才。同时，由于员工必须通过公司设定的考核任务才能够将自己所持股票解禁。这样可以很好地激发员工的热情和积极性，从而达到长期激励的目的。

员工关系管理篇

第 **16** 章

员工关系管理：
双赢是终极目标

员工关系管理是人力资源管理的重要组成部分，也是 HR 必须做好的工作。HR 需要及时与员工沟通，并与用人部门建立紧密联系。同时，当公司内部出现矛盾时，HR 也要妥善处理，真正肩负起自己的责任，切勿对矛盾不管不顾。

16.1 讨论：如何做好员工关系管理

如果员工关系管理不当，员工很可能无法发挥出最大能力。HR 要做好员工关系管理，挖掘员工的最大潜能，使员工各司其职，为公司的发展与壮大做出更多贡献。

16.1.1 重中之重：坚决不能触碰法律底线

现在劳动仲裁体系越来越完善，对于公司触碰法律底线的行为，大多数员工不会再"睁一只眼闭一只眼",而是会主动维护自己的合法权益。HR为了加深公司与员工之间的关系,要警惕法律风险,坚决不能触碰法律底线。

例如,公司必须按时为员工缴纳"五险一金";为了保障员工的权益,公司可以额外为员工缴纳意外伤害险和意外医疗险,并定期为员工安排身体检查;如果需要员工加班,公司要以加班费的形式对员工进行补偿;员工的带薪休假等权益要得到保障等。

总之,薪酬、福利、休假等是公司为员工提供的基本保障,也是能让员工安心工作的前提。而且有些保障是国家规定的,HR必须予以重视,这样才有利于公司的长久发展。

16.1.2　培养人际链接能力

HR作为各员工之间的"桥梁",要有较强的人际链接能力。这样有利于HR迅速在公司内部建立信任,推动工作目标的达成。人际链接能力包括如下内容。

1.沟通能力

HR需要有较强的沟通能力,既能够准确、清晰地表达自己的观点,也能够通过分析对方的话了解对方的需求。在与员工沟通的过程中,HR需要注意以下要点。

（1）充分考虑对方的需求,为对方提出更合理的建议。

（2）即使与对方意见不同,也要注意讲话的态度。

（3）沟通是为了解决问题,而不是为了说服对方。

（4）不要有先入为主的观念,客观地分析对方说的话。

（5）相互尊重,给对方说"不"的权利。

（6）沟通是相互妥协的过程,而不是一味地压制对方。

2.观察能力

HR需要有较强的观察能力,最好可以从对方的语气、表情、动作中捕捉细微信息。同时，HR还要理解不同的语气、表情、动作所代表的含义，以便更准确地分析对方的想法。

3.分析整合能力

分析整合能力主要指信息整合能力。当HR与对方进行沟通时，要将对方表达的信息进行筛选、整合、分析，并据此作出科学决策。

4.获取信任的能力

获取信任的能力表现在与员工沟通的方方面面。例如，HR根据自己对现有业务的理解和用人部门的需求制定了解决方案，帮助用人部门解决了问题；在工作中勇于承担责任，并坚持履行承诺；在沟通中做到坦诚和真诚等。

HR可以通过以上几个方面努力提升自己的人际链接能力，争取获得员工的信任与配合，从而进一步提升公司的人力资源管理效率。

16.1.3 正确使用MECE分析法

员工关系管理的目的是优化员工关系，但这个目的不是所有HR都可以达到的。为了达到这个目的，建议HR使用MECE分析法，掌握逻辑思维技巧。

MECE分析法又称作"排他法""网罗法"，即将某个整体划分为不同部分，并保证各部分之间相互独立，没有重叠。在使用这个方法管理员工关系时，HR要对与员工关系相关的问题进行分类、分层思考，从而找出核心问题，并提出解决措施。

正确使用MECE分析法，能够避免以偏概全和逻辑混乱。那么，在工作中，HR应该如何使用MECE分析法呢？具体操作流程如图16-1所示。

步骤一：确认核心问题。HR需要确认影响员工关系或员工之间产生矛盾的核心问题，再着手搜集相关资料。

步骤二：寻找合适的切入点。HR可以从核心问题本身和员工关系管理的目的来寻找切入点。切入点往往不止一个，HR需要从尽可能多的角度去拆解一件事情，才能发现最有助于解决问题的逻辑线。例如，对于员工流失

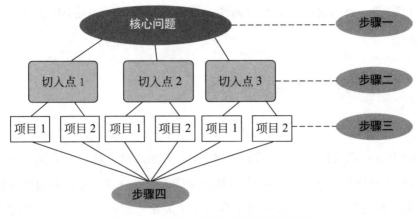

图16-1　MECE分析法的具体操作流程

率高这一核心问题，完善绩效考核、增加员工福利、适当调整培训力度等都是非常合适的切入点。

步骤三：划分项目。划分项目需要做到不重叠、不遗漏。HR可以将员工划分为新员工和老员工，也可以使用要素分析法将员工按照性别、年龄、工作岗位等要素进行划分。

步骤四：整合确认。HR需要确认划分的项目无遗漏、无错误，并将其整合在一起。

通过以上四个步骤，HR可以建立逻辑框架，将核心问题进行拆解并逐一分析，最后设计出更完善的解决方案。例如，根据绩效、福利、培训力度等切入点，HR可以在每个切入点下将员工分为新员工和老员工两个部分，最后通过分析新员工的绩效和老员工的绩效、新员工的福利和老员工的福利、新员工的培训力度和老员工的培训力度等找到员工流失率高的原因。通过对这些原因进行综合分析，HR可以制定更有效的解决方案。

16.2　特殊劳动保护风险与规避

为了保护员工的合法权益，现有法律法规针对医疗期、"三期"等特殊时期的工作情况提出了要求。如果HR没有按照这些要求做事，员工就有权要求公司赔偿，公司会因此处在风险中。此外，用工风险也是 HR 必须重视的关键问题。

16.2.1　医疗期风险与规避措施

关于《企业职工患病或非因工负伤医疗期规定》的通知第二条规定："医疗期是指企业职工因患病或非因工负伤停止工作治病休息不得解除劳动合同的时限。"在医疗期内，公司不能单方面和员工解除劳动关系，但如果是劳动者提出解除关系，或者双方经过协商解除了关系，则不再受限制。这对于员工来说是一项比较重要的保护措施。

在规范医疗期管理方面，《企业职工患病或非因工负伤医疗期规定》是非常重要的法律依据，HR 需要清楚其中的内容。HR 应该知道，医疗期和病假并不是完全等同的。详细来说，医疗期是有法律效力的，如果处理不当就会有劳资纠纷；而病假属于一种"身体体征出状况"的自然现象，只要医院能够给出合适的证明，生病的员工就可以请到病假。

员工生病了需要一定的假期去接受治疗，所以在审查病假时，HR 要明确员工休假的依据，防止出现员工打着病假的幌子故意旷工。在这一方面，HR 需要完善病假申请流程，要求请病假的员工提供正规医院开出的诊断证明书、病历单、化验单、相关发票等资料。另外，HR 还应该在公司的《员工手册》中明确说明虚假病假的处理办法。

医疗期很容易出现弄虚作假的情况，例如，一些员工在医疗期内从事有收入的工作。这表明员工的身体已经恢复到能够适应工作的状态了，此时 HR 可以和公司协调，为员工安排合适的岗位。如果员工对岗位不满意，HR 还可以与其协商，并对其伤情进行鉴定。

需要注意的是，在相关法律法规中，关于医疗期的规定都是有实施范围的，HR 有必要熟悉相关的法律法规。

16.2.2　"三期"风险与规避措施

"三期"指的是孕期（怀孕至产前15天）、产期（通常指产前15天至产后 75 天）、哺乳期（产后至小孩满一周岁）。由于身体和生理上的原因，处于"三期"阶段的女员工在公司属于特殊个体，应该区别对待。HR 需要对"三期"女员工进行规范管理，帮助公司维护正常的劳资关系，从而更好地避免劳资纠纷。

现在有很多政策可以保护"三期"女员工的权益。例如，《女职工劳动保护特别规定》第五条规定："用人单位不得因女职工怀孕、生育、哺乳降低其工资、予以辞退、与其解除劳动或者聘用合同。"第六条规定："女职工在孕期不能适应原劳动的，用人单位应当根据医疗机构的证明，予以减轻劳动量或者安排其他能够适应的劳动。"

由于女员工在"三期"阶段能够享受比较好的待遇，因此难免会有女员工想要通过提供虚假证明来享受这些待遇。为了避免这种现象，HR 应该对"三期"事项进行严格审查，一旦发现有弄虚作假的女员工，就要按照法律法规和公司的制度对其做出处罚。

虚假证明可以从两个方面来预防和处理。第一，HR 可以提前制定严格的申请流程，如必须提交医生开出的病历证明；填写格式化的"三期"申请单，并在申请单上写上医生的姓名和联系方式等。第二，HR 可以规定，如果员工在进行"三期"申请时存在谎报或夸大信息的情况，就属于违纪行为，要按照公司相关规定处理，程度较重者则解除劳动关系。

总之，HR 需要明确申请"三期"休假等方面的程序，完善"三期"制度，同时还需要设立清晰的赏罚制度，对提交虚假病历、消极怠工等情况进行处罚。

16.3　文化建设：员工关系的"加速器"

文化对于公司来说有着强大的导向作用、约束作用、凝聚作用，而 HR 无疑是文化的推动者、执行者与捍卫者。HR 要积极进行文化建设，使其成为员工关系的"加速器"。

16.3.1　关于文化的6个认识误区

文化在公司的地位越来越高，但很多HR对文化的理解还比较模糊，甚至存在误区。这里所说的误区主要表现在以下几个方面，如图16-2所示。

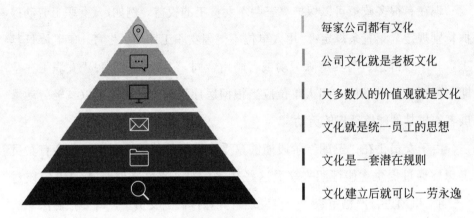

每家公司都有文化

公司文化就是老板文化

大多数人的价值观就是文化

文化就是统一员工的思想

文化是一套潜在规则

文化建立后就可以一劳永逸

图16-2　公司文化的认知误区

（1）HR要明白，不是每家公司都有文化。如果公司没有形成自己的竞争优势，没有获得客户的认同，员工的凝聚力和忠诚度也不高，那这家公司其实并没有足够成熟的文化。

（2）很多HR认为，有什么样的老板，就有什么样的文化，这其实是不正确的想法。在初创阶段，公司的价值判断、市场环境认知等都由老板来承担，他的选择就是公司的选择。在这个阶段，老板文化确实可以代表公司文化。但在公司发展过程中，随着公司的规模不断扩大，管理团队和员工也需要承担责任，这时公司文化是通过管理团队和员工的选择来体现的。由此可见，公司文化并不完全等于老板文化。

（3）很多员工因为生活背景和际遇相同，对一些问题的价值判断也是一致的。他们一起工作的时间较长，容易形成一致的价值观。但这种价值观并不代表文化，而是员工自己的想法和追求。因此，大多数人的价值观并不一定代表文化。

（4）文化往往是以理念或精神的方式来表达的，这也使得很多HR认为文化就是强调一种理念或精神，建立文化就是要统一员工的思想。这样的认知是错误的，文化不是要统一员工的思想，这会导致思想僵化。文化需要统一的是员工的行为，详细来说，员工在思想上可以独立判断，但在行为上必须符合公司的要求，体现公司的价值取向。

（5）很多HR认为文化是公司内部的一套潜在规则，这种认知未免单纯了一些。不可否认，几乎每家公司都会有一些潜在规则约束员工的行为，虽然这些潜在规则没有明文规定，但员工依然会照其行事。文化其实是一套有明文规定的显性规则，其存在的目的是提出一种正确的价值观，获得员工认同，提高公司的凝聚力。HR需要明确公司的价值观和价值标准，做好文化的宣传与推广，让员工能够在正确理念的引导下规范自己的行为。

（6）优秀的HR会维护已经成熟的文化，但这并不意味着文化建立后就可以一劳永逸。文化必须符合市场环境变化趋势，这就要求HR以一种开放、创新的态度不断升级文化。

HR要了解关于文化的6个认知误区，并想方设法规避这些误区，从而帮助公司建立完善的文化体系，让文化真正为公司赋能。

16.3.2　文化三层次：精神＋制度＋物质

文化可以细分为三层次，分别是精神文化、制度文化、物质文化。精神文化是公司的核心价值导向；制度文化是公司的运行规则与文化的制度保障；物质文化是公司形象与文化的外在表现。HR只有了解文化三层次的概念和关系，才可以全方位建设好文化体系。

1.精神文化

精神文化包括公司的愿景、使命、价值观，职业道德、作风等，表达了公司坚持的基本理念和价值标准。例如，海尔的经营理念是追求公司现代化、市场全球化，这样的经营理念体现其精神文化：敬业报国、追求卓越、遵循道德，可以让保证品质与追求盈利共存。

再如，苹果公司始终坚持信任营销理念，在培养共鸣感、专注力方面下足了功夫。

苹果公司注重培养共鸣感，希望以此来吸引用户。苹果公司创始人之一马库拉说："我们做的就是紧密结合用户的感受。我们要比其他公司都更好地理解了用户的要求。"同时苹果公司认为，要想让用户对公司产生共鸣，就必须保证用户与公司建立长久的信任关系。

苹果公司在理念上重视培养专注力。只有足够专注，才能更专业；只有足够专注，产品才会精益求精。乔布斯曾经说，"决定不做什么和决定做什么同样重要"。乔布斯的专注力特别强。他专注于核心产品和某些重要业务，并会果断地砍掉其他不重要的产品和业务。他的专注力影响了其他员工，在苹果公司内部形成了一种文化氛围，推动了苹果公司的腾飞。

2.制度文化

制度文化是文化的制度保障，HR需要将文化落实到制度上，制定有特点且完善的制度。制度的刚性约束力可以增强人力资源管理的规范性，保证各环节高效运行。HR如果可以在制度中加入文化的核心思想，那制度就可以成为文化的载体，让员工在工作中践行文化。

3.物质文化

物质文化指的是公司创造的产品和各种设施构成的器物文化，是一种看得见、摸得着的表层文化。公司的产品、生产环境、生活环境、文化设施等都能够表达出文化，折射出公司的运营思想、作风和审美等。物质文化主要包括以下几个方面。

（1）公司的品牌logo（标识）、商标等；

（2）公司的建筑风格、工作环境、生产环境等；

（3）产品的包装设计、样式、质量等；

（4）公司的文化生活设施；

（5）公司的服装、歌曲等；

（6）公司的礼品和纪念品；

（7）公司的刊物、报纸、宣传栏、广告牌等宣传方式。

具体来说，办公环境是冷色调还是暖色调、有没有茶水间和休息室、员工要不要穿统一的制服等都是物质文化的表现。HR要分析公司的物质文化是否与精神文化和制度文化相符。如果存在物质文化与精神文化、制度文化相违背的地方，HR就要提出科学、合理的改进措施，进而保证三者之间的统一。

16.3.3 HR实战指南：如何让公司文化顺利落地

完成了文化建设，接下来就是让文化在公司内部顺利落地。这是一项全面而系统的工作，HR要保持耐心、坚持不懈，才可以把这项工作做好。

文化落地通常需要经历以下流程，如图16-3所示。

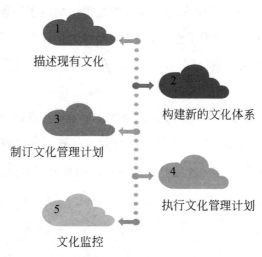

图16-3 文化变革的流程

（1）HR要知道文化是如何影响员工行为的，以及员工对这些行为都作出了什么样的反应。在此基础上，HR必须了解公司的文化背景，详细描述现有文化体系。

（2）每家公司都有自己的目标，这些目标的实现需要文化的支持。但很多HR没有重视两者之间的联系，只是从文化角度出发，制定了一些新潮的、但与公司不适应的价值观体系。结果价值观体系成了摆设，员工只是记住了这些口号与标语，却无法将其应用在工作中。因此，在构建文化体系时，HR要结合公司的发展战略与目标，确保文化与之相符。

（3）制订文化管理计划。HR要制订一个完善的文化管理计划，以便更好地规范和指导员工的行为。同时，HR也需要在计划中表明公司的文化模式、文化体系涉及的部门、文化体系所处阶段和进度、相关人员安排等，以保证相关工作的连贯性。

（4）执行文化管理计划。对于HR来说，只制定一些标语和口号，并不能让文化顺利落地。HR要想让文化在公司内部落地，必须付出努力，而且应该保证这项工作是全员参与的。这需要HR对员工进行系统培训，如文化理念培训、工作行为培训等，让员工对文化体系有一个更明确的认识，最终达到心理上的文化认同和行为上的一致。

（5）文化监控。很多HR都有过这样的经历：制定了完善的文化体系，但没过多久就发现一切又回到了原点。HR需要对文化体系进行巩固和创新，并随时对文化的落地情况进行调控和追踪，确保其能持续发挥作用，并获得预期效果。

文化对于公司来说是一笔巨大的财富，HR要积极推动文化顺利落地，不断为公司创造新的竞争优势。此外，只有主动创新，才能形成一个具有公司个性和竞争力的文化，文化才能对公司的经营和发展产生积极影响。

第 17 章

员工关系优化：
分阶段操作

员工的工作过程可以分为三个阶段：入职阶段、在职阶段、离职阶段。在优化员工关系方面，不同的阶段通常对应着不同的问题和处理措施。这就要求HR懂得分阶段操作，有的放矢地做好员工关系优化。

17.1　入职阶段：把控重点与劳动合同管理

在法制社会，HR的工作要符合相关法律法规，否则很可能会出现风险，例如，入职阶段的就业歧视风险、劳动合同风险等。本节就对这些风险及其处理措施进行详细解读。

17.1.1　入职前重点：就业歧视与最低工资

在员工入职前，HR通常会发布招聘广告来吸引员工，但招聘广告设计不好，就容易出现就业歧视。在这个方面，《中华人民共和国就业促进法》第二十五条规定"各级人民政府创造公平就业环境，消除就业歧视"。第六十二条规定用人单位"违反本法规定，实施就业歧视的，劳动者可以向人民法院提起诉讼"。

因此，为了保障每个求职者平等就业的权利，公司在招聘广告中应避免发布涉嫌歧视的信息，如性别歧视、地域歧视、民族歧视等。否则，公司很可能会面临求职者的侵权诉讼，在承担经济损失的同时，还将严重影响自身良好形象。

2022年5月，某公司的一则招聘广告引起了众人注意。该公司的HR在招聘广告中特别提出了"五不要"的招聘条件，即不要简历差的、不要研究生和博士生、不要开汽车上班的、不要疑心重的、不要总是斤斤计较的。该消息一出立即引起了民众激烈讨论，纷纷指责该公司就业歧视。结果不仅HR收获责骂无数，该公司的形象也遭受了重创。

除了就业歧视以外，HR还需要警惕工资问题。在与即将入职的员工商议薪酬时，HR不能违反最低工资标准。最低工资标准是国家为了保护劳动者的基本生活，要求公司在员工提供正常劳动的情况下必须为其支付不低于这一标准的工资。

一般最低工资采取两种形式，一种是月最低工资标准；另一种是小时最低工资标准，前者适用于全日制员工，后者适用于非全日制员工。任何公司在进行薪酬发放和管理时，都必须了解当地最低工资标准的具体情况，严格按照相关规定执行，否则会受到法律的制裁。

17.1.2　入职时重点：审核离职证明

一般新员工入职时需要提供原公司的离职证明，但很多HR对离职证明没有硬性要求，这就存在很大隐患。《劳动合同法》第九十一条规定："用人单位招用与其他用人单位尚未解除或者终止劳动合同的劳动者，给其他用人单位造成损失的，应当承担连带赔偿责任。"

离职证明能确认员工已经与上家公司解除了劳动合同，具有法律效力，可以很好地防止公司因为使用与其他单位仍有劳动关系的任职者而承担连带责任。

杨华在2022年10月面试了一家实力非常雄厚的公司，该公司希望他能尽快入职，但杨华还没有取得原公司的离职证明。于是，为了能在新公司入职，杨华找了一家代办机构刻了一个原单位的假章。该公司的HR因为着急用人，就没有对杨华进行背景调查。

但在工作过程中，HR发现杨华的工作表现很一般，于是决定对他进行背景调查。结果HR发现他的离职证明是假的，但幸好发现及时，未损害原公司和本公司的利益。

HR在招聘新员工时，需要让新员工提供离职证明。如果新员工不能提供离职证明，HR要先延缓其入职时间，等公司完成背景调查，对其背景核实无误后再通知其办理入职手续。

HR要查验新员工是否存在有效劳动合同，并核实新员工是否属于公司停薪留职人员、未达到法定退休年龄的内退人员、下岗待岗人员以及公司经营性停产放长假人员等。核实清楚后，为了安全起见，新员工还要签署承诺书。承诺书参考样式如下。

承诺书

本人×××（身份证号：   电话号码：   ）于×年×月×日与贵司达成建立劳动关系的合意，但截至本人前往贵司办理入职手续之日，因_____原因本人暂时无法提供原用人单位《离职证明》，特向贵司承诺如下：

一、本人承诺，在与贵司签订劳动合同时，本人与原用人单位之间不存在劳动关系，并且不存在任何尚未解决的劳动法律纠纷及或其他可能影响本人在贵司正常工作的利益纠纷。

二、本人承诺，与原用人单位之间不存在尚处于有效期内的可能影响本人在贵司正常工作的保密协议、竞业禁止协议或其他相关条款。

若上述承诺不属实，导致贵司与任何第三方产生任何纠纷的，本人承诺本人将独立解决前述纠纷及承担全部责任，贵司有权解除与本人的劳动合同，且不支付经济补偿金。若贵司因此遭受任何损失，本人承诺进行全额赔偿。

特此承诺。

承诺人：×××
日期：×年×月×日

让新员工签署承诺书的主要目的是确保他没有与其他单位建立劳动关系。如果他隐瞒了与其他单位建立劳动关系的事实，将承担一切后果，并负责赔偿给公司造成的一切经济损失。

17.1.3　入职后重点：加强劳动合同管理

有些公司在雇佣员工时，不愿意与员工签订劳动合同，认为签订了劳动合同就要为员工缴纳各项社会保险，或者认为有了劳动合同就容易被员工抓住把柄，对公司不利。还有的公司担心签订了劳动合同就不能随意辞退员工。

上海有一家零售公司，目前在职员工有100余人。2022年初，公司招聘了一名大四学生，之前因为他未毕业，公司只与他签订了实习协议。但在实习过程中，HR觉得他比较优秀，所以想要他自2022年7月1日开始继续任职，但不愿意与他签订劳动合同。

其实不签订劳动合同，对公司来说存在很多法律隐患和风险。《中华人民共和国劳动合同法》（以下简称《劳动合同法》）第十条规定："已建立劳动关系，未同时订立书面劳动合同的，应当自用工之日起一个月内订立书面劳动合同。"第八十二条规定："用人单位自用工之日起超过一个月不满一年未与劳动者订立书面劳动合同的，应当向劳动者每月支付二倍的工资。"

根据案例及相关法规，公司不签订劳动合同存在以下劳动风险。

（1）不签订劳动合同并不能免除公司为员工缴纳各项社会保险费的义务。公司只要发生了用工行为，就与员工形成了劳动关系。即使双方没有签订劳动合同，员工也享有法律规定的各项权利，公司也负有法律规定的各项义务。

（2）支付二倍工资。从2022年7月1日到2022年8月，已经超过1个月。按照《劳动合同法》规定，在这段时间，如果员工主张自己的权利，公司要向他支付二倍工资。

（3）员工可以随时离职且不承担任何违约责任或者赔偿。如果双方签订了劳动合同，员工想要解除劳动合同，必须提前30日书面通知公司，否则就是违法解除劳动合同。另外，如果因为员工的突然离职而造成公司损失，员工还需要依法承担赔偿责任。

（4）单位不能以试用不合格辞退员工。原本在试用期内，员工不符合录用条件的，公司可以随时解除劳动合同且不需要支付经济补偿金。但如果没有签订劳动合同，就不存在试用期，公司辞退员工需要依法支付经济补偿金。

除了以上四个方面，公司不与员工在规定的时间内签订劳动合同，还会面临其他风险，这就要求HR必须慎重考虑与劳动者签订劳动合同的相关事宜。

17.2 在职阶段：重点工作的应对方法

处于在职阶段的员工可能面临各种各样的问题，如用工模式不合理、岗位与薪酬突然发生变化、与其他员工发生矛盾等。HR要做好充分准备，掌握解决这些问题的方法。

17.2.1 妥善处理岗位与薪酬的变化

随着公司的战略发生变化，员工的岗位与薪酬可能也会变化。但在出现这种情况时，不是所有员工都可以坦然接受，所以HR要与员工进行沟通。谈到沟通，HR应该注意沟通技巧，这样有利于提高沟通效率，达到双方都满意的结果。

如果HR没有提前做好准备，很容易在沟通中处于被动地位，做出不恰当的决定。HR只有在沟通前做好准备，清楚地了解员工对岗位与薪酬调整的想法，才能够科学、正确地处理各种突发情况，实现人力资源管理效果的最大化，使自己和员工都满意。

岗位与薪酬调整对于公司及个人发展来说是一件比较正常的事情，将这件事完成好可以有效促进员工管理，增加公司效益。在沟通时，HR应该始终保持专业、客观的心态，与员工进行平等交流，无论员工提出什么样的要求，HR都要保持专业素养，做到不卑不亢。

另外，因为岗位与薪酬变化是每个员工都关注的重点问题，所以HR应该做好保密工作。某大型快消公司在进行薪酬调整沟通时，员工张伟因为销售业绩不佳而被降薪。但由于该公司的HR李卫东不重视保密工作，导致张伟被降薪的事迅速在公司传开。对此，张伟非常难过，很长一段时间都觉得自己在公司"抬不起头"，工作效率也随之降低。

在上述案例中，本来为员工调整薪酬是为了促进员工更好地投入工作，但由于HR没有重视保密工作，导致不仅没有取得预期作用，反而打击了员工的工作热情。由此可见，在实际工作中，无论是调整岗位还是调整薪酬，HR都应该对保密工作予以足够的重视，以维护员工之间的竞争公平性，促进员工更高效地开展工作。

17.2.2　如何解决员工之间的矛盾

当员工之间出现矛盾时，HR需要为他们搭建不同的场合，如会议、聚会、团建活动等，让他们借助这些场合进行沟通，并最终形成解决方案。

秦力是某互联网公司的HR，最近他发现产品部门经理和技术部门经理产生了矛盾，为了解决这一问题，秦力准备为双方搭建一个场合——组织一次会议。

首先，秦力先和产品部门经理进行了沟通，询问其在日常工作中存在哪些问题、与技术部门经理矛盾的焦点是什么等，并认真倾听了他表达的重点问题。之后秦力表示自己会和技术部门经理沟通这些问题，同时希望大家可以一起开一个会，探讨解决问题的方案。

接着，秦力又去找了技术部门经理，以同样的方式了解了他的需求，并表达了召开会议的想法，最终得到了双方的同意。

最后，秦力将产品部门经理和技术部门经理集合到一起召开了会议。在会议中，产品部门经理和技术部门经理就产品研发问题展开了激烈讨论，最后还争吵了起来。秦力并没有制止，而是从双方的沟通中提炼重点，将双方存在矛盾的地方一一记录了下来。

明确双方的关注点和矛盾点后，秦力将这些内容和双方进行了沟通，并提出了初步解决方案。针对这一方案，三个人又进行了深入讨论，最终确定了相对完善的解决方案。产品部门经理和技术部门经理之间的矛盾得到了化解。

当业务部门内部产生矛盾、员工之间产生冲突时，HR需要为其搭建一个合适的场合，让其有机会交流自己的想法和诉求。在这个过程中，HR需要做好引导工作，并记录双方沟通的重点内容。当双方情绪失控或者谈论的内容偏离主题时，HR需要及时控场。

应该注意的是，矛盾会让员工心理出现波动，这需要HR高度重视员工心理健康。例如，HR可以设置员工心理健康管理相关岗位，找一些专业的心理师对员工心理健康进行管理和监督。华为早在2008年就设立了员工健康与安全官这一岗位，希望可以进一步保障员工心理健康。另外，华为还打造了健康指导中心，为有需求的员工提供健康与心理咨询。

除了华为，很多世界500强公司如GE、Dow Chemicals等也设立了健康顾问岗位，以便对员工的身体健康和心理健康进行更有效的管理和监督。

17.3 离职阶段：让员工心平气和地走

对于HR来说，员工离职是比较常见的现象，但我们必须承认，这并不是一个好现象。为了避免员工流失，让整个公司有条不紊地运行下去，HR要做好离职阶段的员工关系管理，争取让员工心平气和地走，将员工离职对公司造成的影响降到最低。

17.3.1 员工主动离职，如何操作

HR工作久了，难免会遇到员工主动离职的情况，此时应该如何操作呢？如果要离职的员工对公司很重要，公司十分想留住他，那HR要马上与他沟通，让他体会到受重视的感觉。如果他还没有下定决心离职，HR还可以通过沟通改变他的想法，从而留住他。

当员工提出的离职申请过于意外，以至于HR不知道如何应对时，说一些比较暖心的话总是没错的，如"你对这个岗位很重要，公司希望你能留下来""你在公司发挥着非常大的作用，希望你能慎重考虑自己的决定"。当然，HR还可以用一些承诺吸引员工，"现在公司正在考虑改革，到时候你的工作会有较大改变，不如你先把离职报告收起来，再考虑一下"。

有些员工可能是一时脑热才提出离职，对于这样的员工，HR应该说："你真的考虑好了吗？离职是近期的想法还是很早之前就有了？我先给你一个星期的时间去考虑，如果到时候你还是想离职，我就同意你的申请，可以吗？"这种方式也是在给他们一个机会。相信通过这件事，他们如果继续留在公司，一定会对公司更信任和忠诚。

在挽留员工方面，除了语言上的挽留，还有行动上的挽留。无论什么样的延误都会使员工的离职决心更强，也让HR挽回员工的可能性更小。因此，当初步和员工交谈后，HR应该立即通知相关领导，尽快约时间和员工再次深入沟通，找出员工离职的真正原因。

HR要想挽留员工，还应该掌握员工的相关资讯，包括薪酬情况、绩效考核情况、奖惩情况等，同时要弄清楚员工在公司的人际关系，深入调查员工的个人特征，如工作风格、气质、个人影响力等。只有充分了解员工，才可以"对症下药"，找到合适的挽留方法。

17.3.2　员工被动离职，如何操作

有些员工在上任后表现不好，不能胜任工作或者顶撞上司，给公司带来巨大损失。对于这些员工，公司通常会予以辞退，但一旦处理不好，很可能引发矛盾，甚至让双方对簿公堂。因此，如何无风险地处理员工被动离职的相关事宜，是HR必须掌握的内容。

第一，在与员工解除劳动关系前，HR应该提前告知对方，让对方有一个心理准备。

张琳是上海某公司的HR，在公司急需用人时招进了大量员工，结果两个

月后，她发现员工王磊根本不能胜任工作。她经过仔细考虑，对王磊做出了辞退处理。但她并没有第一时间以书面形式通知王磊，而是随意找了一个时间口头通知了王磊这个消息。

王磊不能理解为什么自己不适应岗位，而且让自己马上离职，他觉得公司对自己存在不公平现象。他不愿意相信公司给出的证据，更不愿意离职。虽然结果是张琳成功劝退了王磊，但中间经历了颇多波折。这对于张琳来说，也是一次教训。

第二，HR要提供员工不能胜任的事实。

在辞退员工时，HR要想让事情顺利解决，就要使员工信服公司做出的判断，而提供其不能胜任的事实往往是最直接、有利的证据。需要注意的是，证据一定要充分，才足够有说服力。例如，在列举员工有多少指标没有完成、出现工作失误的频率如何、工作失误给公司带来了哪些损失等相关情况时，HR最好描述整个过程，最后再讲明员工为公司造成的不良影响和损失。当事实列举清楚后，员工就不得不承认了。

第三，协商处理。

很多事情只有经过协商，才更容易解决，采取硬碰硬的手段，通常只能带给双方"共输伤害"。在辞退员工时，比较好的处理方式是让员工和公司都承担最小的损失，这要求HR走"中间路线"，与员工坐下来认真协商。例如，HR可以劝解员工主动离职，然后给予员工一定的经济补偿，这种方式的效果通常会比较好。

总之，HR在处理各种工作，尤其是员工被动离职的工作时，既要清楚相关法律法规，也要重视事实证据。当然，HR不能只关注公司的利益，最终迫使员工走上仲裁道路。比较好的做法是让员工和公司的利益都得到保护和满足，做到"共赢少输"。

17.3.3　离职面谈的技巧

无论员工为什么要离职，HR都要与员工进行离职面谈。这不仅可以帮助

HR了解员工想要离职的真正原因，还会让HR知道应该从哪些方面采取行动，从而改善员工体验，在一定程度上缓和员工的情绪，找到比较合适的解决离职问题的方法。

在离职面谈过程中，HR和员工谈论的第一件事就是离职原因，毕竟这些原因除了会成为这名员工离职的原因，也可能成为其他员工离职的原因。任何离职想法都会有一个导火线，可能是近期发生的某件事对员工的影响特别大，因此降低了其积极性，产生了离职想法。

因此，HR可以询问员工最近几个月有没有发生什么让他感到焦虑和沮丧的事，或者让他自己说有什么事打击了他的积极性。之后HR再询问当前岗位有哪些地方是他比较喜欢的，又有哪些地方是他不喜欢的。如果员工不喜欢的地方和公司的管理制度、工作方式等方面有关，那HR可以从这些方面入手来挽留员工。

为了让离职面谈有更好的结果，HR还可以对员工提一些诱惑性条件，例如，为员工做职业规划，了解员工对自身职业发展进程的期望，在一定程度上满足员工的职业发展需求。当然，HR也可以给员工提出涨薪或提高福利等条件。

还有就是HR可以借助公司的优势来缓和离职面谈的气氛。例如，公司在工作环境和人际关系方面比较有优势，HR就可以告诉员工"你可能在其他公司找不到这样的工作环境，而且其他公司的人际关系也没有那么和谐。你确定要从我们公司离职吗？"接下来，HR可以提出让员工慎重考虑的想法，要求员工迟几天给出答复。

如果在离职面谈中HR没能挽留员工，那也应该怀着大度的心祝他好运，让他对公司心存感激。即使以后他不再回到公司，但当他和朋友谈起公司时，传播的也多是正面信息。这样有利于维护公司的长远利益，不至于让员工的离职对公司造成过于恶劣的影响。